JN010021

陣馬山にハイキング　1965年11月28日（毎日新聞社提供）

殿下とともに

浜尾 実

角川文庫
22026

殿下とともに　目次

文庫化にあたって

本書の著者・浜尾実氏は、皇太子時代の明仁上皇の東宮侍従として、浩宮徳仁親王（今上天皇）の一歳三ヵ月から十一歳一ヵ月までのおよそ十年間、そのご養育掛りを務めました。

本書は一九九三年六月の、皇太子であった今上天皇と雅子皇后のご成婚を機に刊行された単行本の文庫化です。本書中の背景や表記は、一九九三年当時のものであることをご了承ください。

（例）今上天皇・陛下→現在の明仁上皇のこと
皇后→現在の美智子上皇后のこと
皇太后→香淳皇后（良子昭和天皇皇后）のこと
東宮・皇太子・殿下→今上天皇のこと

一部、補足が必要と思われる箇所は、著作権継承者の了解を得て、編集部にて〔　〕で補いました。

角川文庫編集部

プロローグ　まぶたの中の殿下へ

思い出とは不思議なものです。そのひとつひとつには、当然さまざまな因果関係や前後関係があるはずなのに、時の流れというふるいにかけられると、ごくささいな事柄が、唐突に、そして妙にくっきりと浮かび上がってくるのです。

目覚めているときに浮かび上がってくるのは、思い出。

眠っているときに描き出されるのは、夢。

殿下の夢をよく見ます。私がおそばでお仕えしていた当時の、まだ幼かった殿下のお姿です。

目を覚まし、テレビのスイッチを点《つ》けると、ご婚約も正式に決定され、晴れのご結婚を間近に控えられた殿下のお姿が目に入ります。

二人の殿下が私の中にいらっしゃるような、なんともくすぐったい気分で、何本もの思い出の糸をたぐっていくことにします。

糸の一本一本には直接つながりはなくとも、そこには必ず殿下がいらっしゃいます。殿下のお優しい笑顔があります。思い出の糸をすべてたぐり終えたときに、皇太子殿下のご幼少期から現在まで、そして明日からのお姿が、多少なりとも読者の皆さんに伝わっていれば幸いです。

そして、その副産物として、殿下にお仕えした私と家族の姿も感じ取っていただければ……と思っております。

第一章　殿下からのお手紙

青天の霹靂

私は、昭和二十六（一九五一）年一月から昭和四十六（一九七一）年三月まで、二十年三ヵ月の長きにわたって御所《ごしょ》で今上《きんじょう》天皇ご一家にお仕えしてきました。

最初は、東宮傅《とうぐうふ》育官《いくかん》として、当時まだ学習院高等科にご在学中だった陛下のお勉強相手をつとめさせていただいたのです。もっとも、私はまだ大学を卒業して三年目、二十五歳でした。わずか八歳しか齢《とし》の違わない陛下にいったいなにをお教えできたか、いまでも振り返ると身の縮む思いです。

傅育というのは、皇族など貴人を第三者が養育するという意味ですから、その貴人が成人になられたら、傅育の必要はなくなります。今上天皇の場合も、一般でいう成人式にあたる立太子《りったいし》礼《れい》を契機に東宮傅育官という役名はなくなりました。そのため、私は、立太子礼のあとは宮内官《くないかん》の東宮侍従《じじゅう》として、たとえば東宮御所（現在の赤坂《あかさか》御所」の新築の際の連絡係などの仕事を仰せつかっていました。

　ところが、昭和三十六（一九六一）年五月、私は思いもよらぬ任務を拝命することになりました。

　今上天皇、そして美智子《みちこ》皇后両陛下は、生後一歳三ヵ月の浩宮《ひろのみや》さまのご養育掛りというあまりにも重大な役割を、私に命じられたのです。

　まさに青天の霹靂《へきれき》でした。というのも、私は身分上は一宮内官であり、あくまでも東宮職の職員です。いずれ皇太子、天皇となられる浩宮さまのご養育を担当するというのは、〝職〟という意識だけではとても支えきれそうもありません。

　両陛下も、むろん、そのことはおわかりになっていらっしゃるはずです。しかし、両陛下はあえて私にそれを命じられた……。

（自分は責任の重さに耐えられるだろうか）

　という逃げ腰の思いは、やがて自分自身への叱咤《しった》へと変わっていきました。

（確かに重大すぎる任務ではある。が、ここでたじろいでは、両陛下の自分に対するご信頼を裏切ることになりはしないだろうか）

　私は、両陛下にお答え申し上げました。

「どの程度ご期待にお応《こた》えできるか自信はございませんが、一所懸命につとめさせていただきます」
その瞬間から退官までの十年間、私は、浩宮さま――皇太子殿下の少年時代を私なりに見つめつづけてきたのです。

〝公〟と〝私〟のすべてをぶつける

殿下のご養育にあたって、私がまず考えたのは、〝公〟と〝私〟ということでした。

人間には誰でも〝公〟の面と〝私〟の面があります。私の場合なら、東宮職という〝公〟と、一男四女の父親で、末の娘が殿下と同年だという〝私〟。この二つの面を、それぞれの場合に応じて使い分けて、人は生活を営んでいるのです。

まだ一歳そこそこの殿下も、すでに〝公〟と〝私〟をお持ちでした。殿下は、将来天皇となられるお方であると同時に、昭和三十五（一九六〇）年二月二十三日生まれの、一人のお子さまでもあるのですから。

殿下の〝公〟と私の〝公〟だけを考えていては、とても恐れ多くてご養育などできません。また、それなら両陛下が私に白羽の矢をお立てになった意味がないでしょう。

（両陛下のお考えになっていらっしゃるご養育とは、皇室の一員としてだけでなく、

一人の人間としてご立派にお育てするということに違いない）

私は、それまでの両陛下のお言葉や行動から、そんな確信を持っていました。

それならば、〝公〟と〝私〟を分けていては、駄目です。〝公〟〝私〟にかかわらず、私の人間のすべてを殿下の〝公〟〝私〟両面に精一杯ぶつけ、時には愛情ゆえの厳しい苦言を呈し、また時には殿下とご一緒になって喜ぶ……。

それが、私にできる唯一の教育であるわけです。

私が東宮御所を去ったのは、昭和四十六（一九七一）年四月二日でした。正式な退官辞令は、前日の四月一日に宮内庁の宇佐美《うさみ》長官（当時）から受け取っていましたが、ちょうど当日は両陛下と殿下は新潟県苗場《なえば》へスキーにお出掛けでした。

そのため、翌二日、苗場からお帰りになった両陛下と殿下にお別れのご挨拶《あいさつ》にうかがったのです。

場所は御所の紅葉の間。モーニングの正装に身を包んだ私は、万感胸せまる思いで、広い洋間の奥に立っていらっしゃるお三人の前に進んでいきました。

お別れにあたっての言葉は、何度も何度も練習してきました。けれど、実際にお三人のお姿を目の当たりにすると、言葉が胸につかえて途切れがちになり、ただ、頭を深く深く下げるだけでした。

挨拶が終わると、両陛下はお茶を出してくださり、懐旧というにはいささか気の早い、思い出話のひとときを設けてくださいました。

そのときです。

「また、浜尾《はまお》さんの家へ遊びに行ってもいいんでしょう？」

殿下がおっしゃいました。

当時、殿下は十一歳。まだ少年の面影の残る表情に、どこか寂しげな影を宿していらっしゃいました。

私は、どんな言葉でお答えしたのか。胸にこみ上げる熱いものを懸命にこらえていたことだけが鮮明に記憶に残り、肝心のご返事についてはおぼろげです。

殿下のそのお言葉は、なによりのねぎらいでした。百万言を費やすうわべだけの慰労に遥《はる》かに勝る、短いけれど暖かさあふれるお言葉です。

また、「浜尾さんの家へ遊びに行く」というところに、殿下の〝公〟はもちろんですが〝私〟の部分までもが滲《にじ》み出ているような気がしてなりませんでした。ご養育掛りという〝公〟の人間を見送るだけでなく、殿下は〝私〟の部分でも私との名残を惜しんでくださった……。そう考えるのは甘えがすぎるでしょうか。

私は、このような暖かいお言葉を発せられる殿下のお心持ちそのものが嬉《うれ》しく、また深く感動させられたのでした。

オーちゃん、卒業したんだよ！

東宮侍従の職を解いていただいてから、私は皇后さまの母校でもある聖心女子学院で教鞭《きょうべん》をとっていました。両陛下や宮さま方のお誕生日などのときには御所にお招きいただきましたが、どうしても着替える時間がとれない時にはチョークのついた背広のままでご一家のお話の輪に加えていただくこともありました。

チョークで白く汚れた袖口《そでぐち》やポケットのあたりをさりげなく隠してお話の輪に加えていただきながら、私の目は、自然と殿下のほうに向いていきます。

御所におうかがいするたびに、殿下は大きくなられていました。身体的なご成長はもちろんのこと、話すお言葉の端々やちょっとした仕草にも内面のご成長がうかがえるのです。もちろん、ご養育掛りを仰せつかっていた頃のように殿下と毎日お目にかかれるわけではありませんが、逆に、だからこそ、殿下のご成長ぶりを拝見するのが楽しみだったのです。

御所へおうかがいする準備をしながら、あるいは車の中で、

（さて、殿下はどれくらい大きくなっておられるだろうか）

と一人笑みをこぼすのが常でした。まさに、『男子三日会わざれば刮目《かつもく》して見よ』なのです。

昭和四十七（一九七二）年、殿下は学習院初等科を卒業されました。三月二十五日の卒業式には、私も参列しました。もっとも、それは末娘の美恵子の父としてのものであり、殿下のお姿は父母席から拝見するだけだったのですが……。

殿下は、前髪を少し額に垂らし、キリッとした顔つきで卒業証書を受け取られました。学習院独特の詰め襟の制服姿の殿下は、いかにも凜々《りり》しく、また青年への階段を一歩ずつ着実に歩んでいらっしゃる自信さえ感じられました。

私は父母席から壇上の殿下に向かい、

（ほんとうに、ご卒業おめでとうございました）

と何度も何度も心の中でつぶやいていました。直接お祝いの言葉を差し上げたいのはやまやまでしたが、いまは東宮職から離れた身、こうして殿下のお姿を眺めるだけで十二分に満足だったのです。

ところが、その日の夕方、侍従から電話がかかってきました。

「宮さまが、お訪ねしたいと言っておられますが、ご都合はどうですか？」

実は、ちょうど私は外出の支度の真っ最中だったのですが、殿下がいらっしゃるのなら、外出の時間を少しずらすのもやむをえません。いや、仮に火急の用だったとしても、私は殿下をお迎えしたでしょう。卒業式の当日にわが家を訪ねていらっしゃる殿下の優しいお心に勝る用件など、なにもありはしないのです。

「どうぞ、お待ちしております」

答えて電話を切ったとき、すでに殿下のお車はわが家の玄関前に着いていました。あわてて玄関に出ると、車から降りられた殿下は、ご挨拶くださるのももどかしげに、卒業証書の入った丸い筒を得意そうに掲げられました。

「ご卒業、おめでとうございます」

「ほら、浜尾さん、卒業証書だよ」

殿下は筒から証書を取り出して、にっこりと微笑まれました。

その笑顔に向き合いながら、私は、幼稚園の卒園式の日の出来事を思い起こしていました。昭和四十一（一九六六）年三月二十一日のことです。

学習院幼稚園の卒園式の当日、本来ならば参列しなければならない私は、宮内庁病院でベッドに横たわっていました。折悪しく、三日前に盲腸炎の手術をしたばかりだったのです。

（もう式は終わっただろうか……宮さまのお姿は、いかがだっただろうか……）

たとえ病気とはいえ、ご養育掛りでありながら殿下の晴れの舞台を拝見できない自らの不甲斐《ふがい》なさに、忸怩《じくじ》たる思いでした。

しかし、殿下は、そんな私の気持ちを察せられたかのように、卒園式のあと病室を訪ねてこられたのです。いや、おそらくそれは両陛下のお心尽くしだったに違いありません。

殿下は、幼稚園の制服のまま、修了証書と小さな花束を両手に抱えて病室に入ってこられ、元気一杯におっしゃいました。

「オーちゃん、ぼく、卒業したんだよ！」

子供ならではの満面の笑み。その名残は、いまの殿下の浮かべられる笑顔にも、刻まれています。真のプリンス・スマイルとは、少年のような無垢《むく》な心と優しさから生まれるものなのですから。

あの頃、殿下は私のことを〝オーちゃん〟とお呼びになっていました。浜尾の〝尾〟を伸ばして〝オーちゃん〟です。

（〝オーちゃん〟から〝浜尾さん〟か……）

私は、目の前の殿下に、幼い頃の殿下を重ね合わせました。今日までは半ズボンの制服ですが、新学期からは中等科の長ズボン。そうなると、いっそう大人びてお見えになることでしょう。中学、高校と、ご成長ぶりはさらに目覚ましくなるはずです。

殿下は卒業証書をクルクルッと手早く丸め、筒にお戻しになって、あらためて笑顔を向けられました。

私は、大きな喜びと、ほんのわずかばかりの寂しさを胸に、殿下に精一杯の笑みをお返ししたのでした。

殿下からの〝二重封筒〟のお手紙

初等科ご卒業のあの日から数えても、すでに二十一年です。

時の流れは、あどけない少年だった殿下を、いままさに妃《きさき》を娶《めと》られようとするたくましい青年に変えていきました。

一方、私は、もはや還暦に立ち返るよりも古稀《こき》を振り仰いだほうが早い齢《とし》になってしまいました。こうして思い出すにつれても、時の歩みの速さに感慨も新たです。

私は聖心女子学院の理科の教師を経て、いつしか「教育評論家」という、器に合わない肩書を冠せられて、講演や原稿執筆に追われる日々を過ごしてきました。

その間も、両陛下や殿下との交流はつづけさせていただいております。特に、殿下は、もちろん学問や公務でお忙しいため決して数は多くはありませんが、折りにふれお手紙やお電話をくださいます。

職業柄、私が受け取る郵便物は毎日かなりの数にのぼるのですが、殿下からのお手紙も一般の郵便物にまじって、わが家の玄関の郵便受けに入っているのです。

このことを皇室の仕組みを詳しくご存じない方にお話しすると、たいがいの方は、

「えっ？ 殿下からのお手紙も郵便局で配達されるんですか？」

と驚かれます。殿下からのお手紙が一般と同じ扱いをされるのが信じられない、というわけです。

確かに、殿下のお名前が直接封筒に記されていたら配達する人もびっくりされるでしょうが、これにはちょっとした仕組みがあるのです。

お手紙の差出人は『東宮職』。二重封筒で、内側の封筒に殿下からのお手紙が入っているわけです。これなら、開封するまでわかりません。

この二重封筒のシステムは、こちらから殿下にお手紙を差し上げるときも、基本的には同様です。殿下へのお手紙の入った封筒を『東宮職』宛ての封筒に入れて、ポストに投函《とうかん》する。それを御所で侍従が開封し、中身をチェックして、内容によっては殿

下へお渡ししないこともあるのです。

ずいぶんと回りくどく、厳重すぎるやり方だと思われるかもしれませんが、これには宮内庁の考えが二点含まれているようです。

まず一点は、殿下のように高貴なお方へ直接お手紙を差し上げるのは失礼だ、という古くからの観念。そしてもう一点は、やはり殿下のお心を煩わせるようなものをお見せするわけにはいかない、というものです。

先日も、「殿下にお会いしたい」と見ず知らずの女性が皇居に入り込もうとした事件が伝えられましたが、そのような内容の手紙が来ることもあります。また、天皇制反対論者からの脅迫文まがいの手紙や、差出人不明の気味の悪い手紙も少なくない。そのため、差出人の名前がよほど殿下と親しい人のものでないかぎりは、侍従が封筒の中身を確かめるのです。

もちろん、手紙の中には、善意からのものも数多くあります。そうした手紙まで事前に封筒を開封してしまうのは、送ってくださった方々に申し訳ない話ではありますが……。

聖書の国からの絵葉書

私のほうからも、殿下には何通かお手紙を差し上げました。

印象深いのは、昭和五十一（一九七六）年のクリスマスにイスラエルから差し上げた絵葉書です。

私はカトリックの信者なので、キリスト教の聖地にはかねてより強い憧《あこが》れがありました。そのため、授業に差し障りのない冬休みを利用して、その年のクリスマスを聖地のベツレヘム（現在はパレスチナの自治区）で過ごしたのです。

現地で絵葉書を二枚買い求め、殿下と礼宮《あやのみや》さま——いまの秋篠宮《あきしののみや》さまに、お送りしました。内容は、いまではっきりとは憶《おぼ》えていませんが、『いま、私は聖書の国に来ております』『こちらは冬でもたいへん暖かくて、歩くと汗をかくようです』というようなことを書いたはずです。秋篠宮さまはまだお小さかったので、漢字を少なめにしたのは憶えています。

このときも、建前からいけば絵葉書を封筒に入れて『東宮職』宛てに送らなければならなかったのですが、私の手紙なら侍従が渡さないことはありえないだろうと判断し、あえて絵葉書のままでお送りしました。考えてみれば、やはり失礼なことだったかもしれません。

　しかし、帰国後、なにかのときに陛下とお会いした際、陛下はその絵葉書のことを憶えていらっしゃって、

「浜尾さんの絵葉書、ナルちゃんとアーヤが喜んでいたよ」

とおっしゃいました。〝ナルちゃん〟は皇太子殿下、〝アーヤ〟は秋篠宮さまのことです。ご学友からはともかく、大人からのお手紙を直接受け取られることなど、お二人にはほとんどないので、あのような簡単な絵葉書で喜んでいただけたのかと胸が一杯になりました。と同時にそのことを優しいお言葉で伝えてくださった陛下のお心にも深く感銘を受けたのでした。

郵便受けに入っていた一通のメッセージ

　いっぽう、殿下からいただいたお手紙の中で忘れられないのは、やはり初めていただいた一通になるでしょう。

　昭和四十六（一九七一）年九月のことです。侍従を辞してほぼ半年が過ぎようとする頃でした。

　私は、住まいこそ御所の目と鼻の先の官舎にとどまってはいたものの、新米教師と

して授業の準備に忙殺され、また慣れない原稿書きに呻吟《しんぎん》する毎日で、殿下のことが気にはなりながらお手紙の一通も差し上げられないでいました。

そんなある日、郵便受けに『東宮職』と差出人の記された封筒が、ごく無造作に差し入れられていたのです。

(はて、仕事の引き継ぎはもう終えたはずなのだが……なにか残務処理に至らない点があったのだろうか……)

そんなことを思いながら、私は封を切りました。

ところが、それは、仕事にかんする手紙ではありませんでした。

封筒の中身は、殿下からのお手紙だったのです。

ひとつひとつが角張った文字を見ただけで、わかりました。殿下の書かれる字は、率直に申し上げて決してお上手なほうではありません。字の大きさの統一も、ところどころで乱れがちです。

しかし、その文字には、こちらがすぐに殿下のお顔を思い描くせいか、えも言われぬ誠実さがにじみ出ていました。

いや、私が直接殿下の人となりに接していたかどうかにかかわらず、達筆の人が腕に甘えて書き飛ばした文字では決してそれは感じられないでしょう。一文字一文字を、一所懸命に心をこめてお書きになった姿が、文字の連なりのあちらこちらから偲《しの》ばれるのです。

お手紙の内容は、近況報告のようなものでした。

剣道部の一員としてお出掛けになった長野県菅平《すがだいら》での合宿のこと、秋の夜空の美しさのことなどが、おそらく考え考えお書きになったのでしょう、しっかりとした文章で綴《つづ》られていました。

私はお手紙を何度も読み返しながら、感慨にひたると同時に、ある種、身の引き締まる思いも抱いていました。

殿下はどんどんご成長される。しかし、たとえ成人されても、少年の頃の思い出は消えるものではありません。だからこそ、こうして殿下はわざわざお手紙をくださったのです。

ということは、私が精一杯にお仕えした日々の思い出をそのままで保っていただけるかどうかは、私のこれからの言動にかかっているのです。子供の頃には気づかなかったが、実は浜尾という男はこんな卑しい男だったのか……。万が一、殿下にそんなふうな思いをお抱かせするようなことになっては、取り返しがつきません。

（東宮職を離れたとはいえ、殿下との日々が終わったわけではないぞ。むしろ、日常的にお姿に接することがないからこそ、殿下に対して恥ずかしくないようにしなければならないんだぞ……）

私は自分に言い聞かせました。

はたしてその誓いを守れたかどうか、正直なところ、はなはだ心もとないかぎりです。

しかし、折りにふれ届けられる殿下からのお手紙やお電話が、ともすれば日々の移ろいに流されそうになる私自身の道しるべとなったことは確かです。

御成婚の日を間近に控え、いまこうして滞りがちになる筆の歩みを進めることができるのは、殿下へのお祝いの気持ちと同時に、殿下にいただいた数々の楽しい思い出に対する心からの感謝の念を示したいという思いにほかなりません。

本書は、たくさんの思い出をくださった殿下への、長い長い返信のつもりでもあるのです。

第二章　御所の春

宮内庁の本末転倒

今年〔一九九三年〕一月六日――。

言うまでもなく、皇太子妃に小和田《おわだ》雅子《まさこ》さまが内定したことが明らかになった日です。

私はその日は自宅にいましたが、夕方になってＴＢＳから電話がかかってきました。皇太子妃が小和田雅子さまに内定し、報道協定が午後八時四十五分に解除されるので、特別報道番組に出演してもらえないか、という依頼です。

電話でそれを聞いた瞬間、私は深い喜びと同時に、肩の荷が降りたような安堵《あんど》感にとらわれました。

（とうとう、待ちに待った日が来たのか……）

失礼な言い方になってしまうかもしれませんが、そのときの私の気持ちは、自分の息子の婚約が決まった父親のそれにも通じるものだったと思います。

いや、それは私一人の感慨ではなく、殿下のご結婚問題のなりゆきをマスコミを通じて見つめていた国民の誰もが感じたことではないでしょうか……。

実は、私は皇太子妃選考における宮内庁の一連の動きには、ずっと否定的でした。何度も週刊誌に語ったことではありますし、もう終わったことだから、と疑問と不満の矛を収めることもできないわけではありません。

しかし、紀宮《のりのみや》さまをはじめ今後のこともあります。皇太子妃が決まったいまだからこそ、あえて、あらためて宮内庁のやり方に異議を唱えておきましょう。

周知のとおり、殿下のご結婚問題は、もう何年も以前からマスコミをにぎわせていました。皇太子妃候補が何度かマスコミ辞令で浮かんでは消え、ある資料によると、お妃《きさき》有力候補として報じられた女性は、雅子さまを含めて四十二名にものぼるといいます。中にはマスコミの勇み足報道もあるでしょうが、それにしても、この数は尋常ではありません。表現は乱暴ですが、殿下も、候補に挙げられたお嬢さん方も〝さらし者〟になっているような気さえしました。

宮内庁もそうした事態を憂慮したのでしょう、昨年初頭には、日本新聞協会や日本雑誌協会に報道自粛を要請しました。その解除が、冒頭に示した今年一月六日の午後八時四十五分だったわけです。解除のきっかけも、協会に加盟していないアメリカの『ワシントンポスト』紙にスクープされたからという、なんともお粗末なものでしたが……。

自粛の是非はともかく、それ以前の宮内庁の動きは、とにかく隠密裡《おんみつり》にことを進めようとしすぎていたように思えてなりません。

「漏れてはいけない、漏れてはいけない」と、ただそればかりを金科玉条のようにして、ビクビクするだけで積極的に動こうとはしなかった。これだけマスコミの発達した時代に、隠密などありえないというのが、宮内庁にはわかっていなかったのです。お妃を決めること以上に、秘密を守ることに躍起になるという、まさに本末転倒の状態だったのではないでしょうか。

殿下の〝ご失言〟

私は、平成三（一九九一）年にある女性週刊誌のインタビューを受けたことがあります。テーマは、殿下のご結婚問題です。もはや、皇太子妃問題は、タレントの結婚や離婚と同じレベルで女性週刊誌に登場するようになっていたのです。

インタビュアーに「なぜ殿下のご結婚はここまで遅れてしまったのですか？」と問われ、私は、真っ先に宮内庁の怠慢を挙げました。

殿下は、秋篠宮さまと違い、お妃候補との出会いの場はきわめて限られている。だからこそ、宮内庁が工夫に工夫を重ねて積極的に出会いの場をセッティングすべきではないか、と。

また、同じインタビューで、こんなことも答えています。

平成二（一九九〇）年のお誕生日の記者会見での殿下のお言葉も、皇太子妃の決定が遅れたことに少なからぬ影響を与えたように思える、と。

殿下は、皇太子妃について記者団から質問を受け、

「大変な立場だと思います」

とおっしゃいました。

「大変でもいいと言ってくれる人でなければ」

とも。

失礼ながら、このお言葉はいかがなものか、というのが私の考えでした。いかにも真面目で誠実な殿下のお人柄が偲《しの》ばれるご発言ではありましたが、これでは皇太子妃の苦労ばかりが強調されて伝わってしまいます。

殿下にはフォローをぜひお願いしたかった、というのが私の率直な感想です。たとえば、

「大変だと思うけれど、ぼくがいるからだいじょうぶですよ」

といった一言があるかないかで、その前のお言葉の持つ意味が大きく違ってしまいます。そこまでのご配慮をなされるべきだったのではないでしょうか、ということを私はインタビューで申し上げました。

一生、全力でお守りします――。これこそが、殿下の偽らざるお気持ちです。また、そうであってほしいと思っています。皇太子妃が大変な立場であるのは、これは宿命的なものです。なればこそ、お妃を殿下が全力で守り抜くことがなにより大切になってくるのですから。

もっとも、いまにして思えば、殿下はまさしくそのお言葉を雅子さまに贈られたのでした。まさか、私のインタビュー記事が殿下のお目にとまったわけではないでしょうが……。

殿下の、若干説明不足のご発言については、宮内庁にも責任があると思います。記者会見のあとで宮内庁が、

「実は、あのお言葉は、お妃になられる方は大変だからこそ自分が守っていきたい、

という意味なのです」

　とフォローをすべきだったのです。

　そのときに思い出したのは、オックスフォード大学への留学から帰国されたときの記者会見です。殿下は、イギリスでの体験を踏まえて、日本の警備は少し過剰ではないかとおっしゃいました。このお言葉は、実に新鮮でした。昭和天皇も今上天皇も警備についてご自分の口から語られたことは一度もなかっただけに、新世代の皇室のありようを予感させる、潑剌《はつらつ》さと瑞々《みずみず》しさがあふれるお言葉でした。

　ところが、その後、殿下の記者会見は幾度となくおこなわれましたが、殿下は一言も警備のことはおっしゃらなくなってしまいました。おそらく宮内庁のほうから「そういうことをおっしゃっては困ります」と申し上げたのでしょう。前例がないことに対しては、とにかく敏感なのですから。

　しかし、これはいったいどういうことなのでしょうか。

　殿下のご発言やご提言を規制していながら、フォローが必要なときにはなにもしていない。

　殿下にとってほんとうに必要なことは、なんであるのか。そのためにはなにをしなければならないか。それを真っ先に考えるのが、お仕えするということではないのでしょうか……。

もちろん、現場で働く宮内庁の人々には、言いぶんもあるでしょう。また、「それでは、おまえはちゃんとそれをやっていたのか」と逆に訊《き》かれれば、返答に窮してしまいます。

ですが、私にしても、いかに宮内庁の考え方や仕事ぶりが一般の社会からずれているかについては、東宮職を離れてから初めてわかりました。お恥ずかしい話ですが、内部にいては見えないものはたくさんあるのです。

私自身への自戒もこめて、宮内庁の人々に、あえて苦言を呈しておきます。

お妃決定の陰で……

もちろん、過熱報道をつづけるマスコミに対しても、私は「もういいかげんにしないか」という思いを持ちつづけていましたし、いまもそれは変わりません。マスコミの暴露主義と宮内庁の隠密主義の関係は、ある意味ではニワトリが先か卵が先かの関係にも似ているでしょう。

特に、腹立たしささえ覚えたのは、皇太子妃候補の女性に対する報道ぶりです。

不確かな情報に踊らされてテレビも週刊誌も大々的に書き立て、そのお嬢さんのみならず家族の方まで追いかけまわす。それだけでも大変な苦痛なのに、しばらくしてそのお嬢さんの可能性がなくなったり、別のお嬢さんが候補に挙がったという情報が入ったりすると、マスコミはまた一斉に次に移ってしまいます。いったん報じられてしまったお嬢さんの立場はどうなるのでしょうか。まるで、なにか欠陥があったからリストからはずされたかのように思われてしまうでしょう。これは、人道的に言っても失礼きわまりない行為ではありませんか。

雅子さまが皇太子妃に内定されたお祭り騒ぎの陰で、マスコミによって心傷つけられた何人ものお嬢さんたちのことを考えると、なんともやりきれない思いがするのです。

私が東宮職にいた頃も、当時は皇太子だった今上天皇のご結婚問題は大きな話題となってはいました。

その問題が初めて新聞に登場したのは、私が東宮傅育官を拝命したほぼ半年後、昭和二十六（一九五一）年七月二十九日の朝日新聞朝刊です。資料を見てみると、《御意思、十分に尊重。まず北白川《きたしらかわ》、久邇《くに》家の順に選考》という見出しが掲げられています。陛下は、まだ満十七歳。ずいぶんと気の早い話ではありますが、早婚が当然のように思われていた戦前までの風潮の名残でしょう。

もっとも、実質的なお妃《きさき》選考が始まったのは、昭和三十（一九五五）年頃からです。当時のマスコミは週刊誌やテレビよりも新聞が主流で、「お妃記者」なるものも登場しました。その頃、頻繁に紙上をにぎわせていたお妃候補は、久邇宮家の久邇通子《みちこ》さん、北白川宮家の北白川肇子《はつこ》さん、伏見宮《ふしみのみや》家の伏見章子《あやこ》さんらです。

当時の私は「候補に名前の挙がった方々はずいぶんと大変だな」と思っていましたが、いま振り返ってみれば、あの頃には記者のほうにもちゃんとした節度がありました。今日のような〝書いた者勝ち〟ではなく、報道する側にも、お妃選考を見守るという姿勢があったのです。

その節度は、私が殿下のご養育掛りをつとめていた頃にも残っていました。たとえば、殿下が学習院初等科の低学年だった頃、動物園だったか水族館だったかにお出掛けになられたことがあります。当然、数多くの報道陣がついてきていたのですが、実は、そのとき私は大失敗をしてしまいました。殿下の半ズボンの前のチャック、いわゆる〝社会の窓〟が開いたままだったのです。それに気づいてすぐに直して差し上げたのですが、時すでに遅し、職業柄そういうことには目ざといカメラマンの一人が撮影していたのです。

これは立派なスクープです。ですが、微笑ましい写真であると同時に私の職務怠慢を告発する写真にもなりかねません。

（これは叱責《しっせき》どころではすまないぞ……）

背筋を冷や汗が流れ落ちました。場合によっては職を解かれてしまうかもしれないと思ったのです。これはなんとかカメラマンに交渉して、雑誌に掲載しないようにしてもらわなければなりません。

ところが、撮影したカメラマンは私がお願いする前に記者の方と相談して、その写真を没にしてくれたのです。私の立場を考えて、スクープ写真撮影の名誉をあえて捨ててくれたわけです。あのときは、ほんとうに、涙が出るほど嬉《うれ》しく思えました。

私は、自分なりに報道陣の仕事も理解して、「浜尾はマスコミにいい顔をしすぎる」と批判されたこともあるほどマスコミに対しては好意的な態度をとってきたつもりです。くだんのカメラマンもそのことを知っていたからこそ、私を窮地に追い込むような写真は自主的な判断で没にしてくれたのでしょう。

皇太子妃問題では、宮内庁とマスコミ各社の間で報道協定が結ばれましたが、そもそも報道の自由というものは確固として存在します。それを規制するには、お互いの気持ちの通じ合いがまず大前提であらねばならないと思います。宮内庁もすべてを秘密主義にせず、マスコミも暴露主義に走らないという、信頼関係があってこそ、報道協定の意味があるのではないでしょうか。あのとき、私と報道陣の間には、最も理想的な形での報道協定が自然に生まれていた。そう思えてならないのです。

皇族はタレントではない

私が問いたいのは、マスコミの個々の記事ではなく、その姿勢なのです。

雅子さまブームで、マスコミは過熱の一途をたどっています。秋篠宮さまと紀子《きこ》さまのときもそうでした。さらにさかのぼれば、皇后陛下のときも……。

国民挙げての祝福ムードはいいのです。「雅子さまはどんな生活をしておられるのだろう」「どんな家なのだろう」「どんな少女時代を過ごされたのだろう」と、いろいろなことを知りたい気持ちもわかります。

しかし、だからといって皇族をタレント並に扱うというのは、あまりにも失礼ではないでしょうか。週刊誌をめくると、右のページには松田《まつだ》聖子《せいこ》が写っていて、左のページには紀子さまが写っている、そんな例を私は幾度も見てきました。そのたびに、首をかしげざるをえなかったのです。

また、皇族がどこかにお出掛けになるときも、ファッションのことばかりが注目されてしまい、そのお出掛けの目的や意義については二の次になっているのが現状です。ましてや、これは秋篠宮さまと紀子さまのご結婚のときでしたが、「お子さまは何人くらいおつくりになりたいですか？」と質問したリポーターがいたのには、呆《あき》れ果ててしまいました。皇族にとってお子さまをもうけるということがどれほど大きな意味を持っているのか、ちゃんと認識しているのでしょうか。さらに言えば、出会いの場所、デートの場所、プロポーズのお言葉……そんなものよりも先にお尋ねしなければならないことがあるはずです。これから皇族として具体的になにをやられようとしているのか。それをお尋ねしないでマスコミの使命が果たせるのか、私には疑問でなりません。

そういう扱いを、マスコミは〝開かれた皇室〟と呼ぶのでしょう。しかし、はたしてタレントと同じ扱いをすることが〝開かれた皇室〟になるのだろうか。私にははなはだ疑問でなりません。マスコミは、だいじなものをはき違えているのではないでしょうか。

蛇足ながら、言い添えておきます。

陛下は、皇太子時代も、天皇になられてからも、ただの一度も〝開かれた皇室〟という言葉をお使いになられてはいません。

〝開かれた皇室〟は、実はマスコミの造語なのです。

雅子さまとの専用のプッシュホン

一月六日のご婚約内定以来、私はいったい何本の雑誌取材を受け、何本のテレビ番組に出演したでしょうか。

「パパ、何度同じことを言ってるの？」

そんなふうに子供にもからかわれますが、似たような質問ばかりなら、答えもそう変わるものではありません。

そして、何本取材を受けようとも、殿下のご婚約をお祝いする気持ちはまったく色あせることはありませんでした。

雅子さまの名前は何年も前からマスコミで取り上げられ、一時は最有力候補とまで呼ばれていたものの、雅子さまが外交官になったこともあって、いつしかマスコミの候補者リストからはずれていました。

けれど、私の心の中では、雅子さまがお妃の最有力であるということは決して消えてはいなかったのです。

（他のお嬢さん方も皆さんいい方だが、小和田雅子さま以上の女性はいないだろう……）

お人柄、学歴、家柄、いずれも雅子さまは三重丸でした。

ただひとつ、母方のおじいさまがチッソの会長をつとめていたということが問題といえば問題でした。それが雅子さまに対する評価を左右するのはナンセンスな話ですが、やはり宮内庁内部ではいろいろと反対意見も出たようです。

マスコミの報道によると、ご婚約に向けて大きく前進したのは、

「小和田さんではいけないのですか？」

と殿下がおっしゃったことが決め手になったそうです。マスコミの論調では、殿下の一途《いちず》な恋心の現れだとされていますが、私は、それ以上に、宮内庁のあまりに旧態依然とした動きに業を煮やされてのご発言だったように思えてなりません。

殿下は、ずっと雅子さまのことを想っていらっしゃった。その意味では、初恋を貫かれたわけです。

私には、それがなにより嬉しいのです。

お二人の初めての出会いは、昭和六十一（一九八六）年十月、スペインのエレナ王

女をお迎えしての東宮御所でのパーティーでした。しかし、そのときは、あくまでも雅子さまは外交官としての出席であり、殿下との会話も一言二言程度だったといいます。実質的な出会いは、翌六十二（一九八七）年四月、高円宮《たかまどのみや》さまのご自宅でのひとときだと考えるべきでしょう。

出会いがある程度セッティングされたことは確かですが、それは殿下のお立場を考えればやむをえないことでしょう。一般の青年でも、友人の紹介で女性と知り合うことはよくあることなのですから。

大切なのは、出会いそのものではなく、出会いからの歩み、〝プロセス〟なのです。

平成二（一九九〇）年二月二十日、満三十歳のお誕生日の記者会見で、「理想の女性に巡り会われましたか？」と尋ねられ、殿下はこうお答えになりました。

「前の記者会見でも話したように、焦らずマイペースでやっていきたいと考えています。理想の女性には会えたかもしれないし、会えなかったかもしれないと申し上げておきます。自分で決めたいということは当然申し上げましたけれども、前にもお話ししたことと重複しますが、あくまでもプロセスということが大切になるわけでありますから、どういう形でもってそういう人が出てくるかについては、まったく私も未知数であると言っていいかもしれません。そういうものを経過して、そのプロセスを大切にして考えていきたいというふうに考えているわけです」

いまにして思うと、殿下の胸の中には、すでに雅子さまへのお気持ちが芽生えていたのかもしれません。

そして、殿下はそのお気持ちを、ゆっくりと、しかし確実に一歩一歩山を登るようにして、このたびのご結婚にまで高めていかれたのです。

もちろん、結婚というものは片方の意思だけで決められるものではありません。雅子さまの気持ちがなければ、どうしようもないのです。

資料をひもといてみますと、殿下は昨年夏から、ご公務の合間を縫っては専用のプッシュホンで雅子さまに「とにかく会っていただきたい」と連絡をとりつづけられたといいます。

その熱意がかない、昨年八月に再会。プロポーズは二カ月後、昨年十月のことでした。最初の出会いから、実に六年が過ぎているわけです。

場所は、千葉県市川《いちかわ》市にある新浜鴨場《しんはまかもば》。お言葉は、

「私と結婚していただけますか」

という率直なものでした。

もっとも、一般の男女ならお互いの気持ちが高まり合えばそのまま結婚へとなるの

でしょうが、殿下と雅子さまの場合には、そこに皇室というものが加わります。殿下と結婚をするということは、それまでとはまったく違う世界へと身を投じることです。ましてや、雅子さまは現役の外交官として充実した日々を過ごしている。ためらいや不安が生まれるのは当然でしょう。

プロポーズ当日、雅子さまはこんなふうに殿下にお答えしています。

「お断りすることがあってもかまわないでしょうか。お断りする場合を含めて、はっきりご返事いたします」

実際、マスコミによると、後日になって雅子さまから辞退の申し出もあったようです。

しかし、殿下は粘り強い説得をつづけられました。

「あなたが納得できるまで、私は待ちます」

私は、殿下のお人柄や結婚観が、そのお言葉にすべて現れているような気がするのです。

殿下は〝納得〟という言葉をお遣いになっています。つまり、雅子さま自身が熟考し、自らの意志によって結婚に臨めるようになるまで待ちつづけるというのです。殿下は、ただ一途なだけではありません。あくまでも雅子さまの意志を尊重し、決していたずらにあせることなく、最後の決断を雅子さまにゆだねたのです。

十二月十二日。

雅子さまは東宮仮御所を訪れ、プロポーズ承諾の意を殿下に伝えました。

そのときの殿下のお喜びを想像してみると、私まで胸躍る思いになってしまいます。

（雅子さまへの愛を貫かれて、ほんとうによかった……）

心の中でつぶやくたびに、幼かった頃の殿下のお姿がくっきりと目に浮かび上がってきます。

六月九日の結婚の儀の頃は、御所の木々は鮮やかな緑をしたたらせていることでしょう。

私が初めて殿下にお目にかかったのも、ちょうどそんな季節でした。

第三章　殿下の少年時代

初めてご一緒に

ご養育掛りを任命された私が初めて殿下と二人きりの時間を過ごした場所は、東宮御所の中にある砂場でした。芝生の庭を、両陛下が「ナルちゃんの遊び場に」と土を掘り起こしてつくられた、言ってみればお手作りの砂場です。

昭和三十六（一九六一）年五月十七日に、正式にご養育掛りとなった数日後のことです。よく晴れ渡った、いいお天気の日でした。

殿下は、お一人で、御所の建物に背中を向けてしゃがみ込んで、熱心に砂の山をつくっていらっしゃいました。そこに、私が仲間入りしたわけです。

まだ一歳三ヵ月でいらしたので、お話というよりも、短い言葉が小さな唇から漏れる程度です。「ブーブー」「ワンワン」「ナイナイ」……少し高い澄み渡った声で、まるで歌を歌っておられるかのようにおしゃべりをしながら、砂山をつくっては壊し、つくっては壊しなさっていました。

私はといえば、初日の緊張があまりに強かったせいでしょう、自分がどんなふうに殿下の砂遊びにおつきあいしたか、まるで憶えていません。ただ、仕事が終わって御所の敷地内にあった官舎に戻ると、いままで経験したことのないような疲労感に包まれたことは、いまでも記憶に残っています。

もちろん、殿下も一歳そこそこですから、私との出会いの日の思い出などお持ちにはなっていないでしょう。ひょっとしたら、幼い胸の中で「なんだ、おかしなオジチャンがやってきたぞ」と感じていらっしゃったのかもしれません。

いずれにせよ、その日から、私は二六時中殿下と行動をご一緒するようになったのです。

両陛下も、もちろん殿下を大変かわいがり、手をかけていらっしゃっていましたが、なにぶんにも公務がお忙しい。ご夫婦そろってお出掛けになったりお客さまをお迎えしなければならないときには、殿下の身の回りのお世話をし、また遊び相手をつとめるのは、私しかいないのです。

前の章で、「殿下のご婚約内定のニュースを知らされたときに、息子が婚約した父親にも似た気分になった」と語ったのには、そういう背景もあるのです。私が御所を離れたとき、殿下は十一歳でした。一歳から十一歳までの十年間、殿下とともに過ごした時間が一番長いのは私でした。他の侍従はもとより、両陛下よりも、私とご一緒の時間のほうが長いのです。

殿下にとっては、さぞお寂しいことだったろうと思います。また、私にとっては、正直なところほとんど気の休まることのない十年間ではありました。

ですが、いまこうして振り返ってみますと、その十年間が私自身にとってなにものにも代えられない宝物になっていることに気づかされます。私は、殿下をお育てしていたのではなく、実は殿下や両陛下によって自分も十年間教育されてきたのではないだろうか……。そんな気もしているのです。

ご養育掛りの仕事を始めてしばらくたった頃の、殿下の言葉の発達のご様子を記録したものが、いまでも残っています。それによると、よく口にされた言葉は次のようなものです。

「ワンワン」「ブーブー」「パパ」「ママ」「タータ」「チェンチェ」「アカ」「ペタンペタン」……。

「タータ」というのは、靴下のこと。「チェンチェ」は、侍医の先生のことです。「ペタンペタン」については、ご本人はうがいのおつもりだったようなのですが、語源についてはとうとうわからずじまいでした。

そして、「オーちゃん」も、すでにその当時から殿下の語彙《ごい》に含まれていました。

「親身」とは……

『三つ子の魂百まで』という言葉があるように、幼い頃のしつけや教育はその人の一生ぜんたいにわたって影響を与えるものです。

殿下も、二歳頃からは、そろそろしつけを始めなければなりませんでした。私は、身の回りのお世話をしたり遊び相手をつとめるだけではすまなくなったのです。

（いまからがほんとうの仕事の始まりだぞ。これまでの日々は、私になじんでいただくためのウォーミングアップにすぎなかったのだ）

ただオシメを取り替えたりママゴト遊びにおつきあいするのでしたら、こんなオジサンではなく、看護婦さんのように幼い子供のことを熟知した女性のほうがいいに決まっています。両陛下が、あえて私に重大な役目を下命されたのは、むしろこれからのことをお考えになったからに違いありません。

お世話や遊びなら、体を動かすことと心くばりさえ厭《いと》わなければ、ある程度はできるでしょう。ところが、しつけは違います。〝やっていいこと〟と〝やってはいけないこと〟をどこで区分けするか、また〝やってはいけないこと〟を子供がやってしまった場合はどういうふうに教えていくか……。
『三つ子の魂百まで』の言葉は、私自身にもあてはまります。ですから、殿下にどのようなしつけをしていくかは、私自身の〝三つ子の魂〟を問われることでもあるのです。

　私がある場所で話した言葉が、一部で問題となったことがあります。殿下のご教育方針について問われたときの答えです。

「判断に迷うときは、もし自分の子供だったらどうするか、ということを考えるようにしている」

　私がこう答えると、

「殿下と自分の子供を一緒にするとはけしからんではないか」

　という反論が出てきたのです。これには、もちろん私の言葉が足りなかったこともあるのでしょうが、少し勘違いがあるように思えます。

　はっきり言って、「殿下は特別な方だから」ですべてをすませてしまえば、これほど楽なことはありません。聞き分けがなくても、最低限のルールが守れなくても、殿下は特別な方だからそれでいいんだ……。そうなれば、確かに、いろいろとこちらが思い煩うことはないでしょう。しかし、それはあまりにも無責任というものです。

　人間は、誰でも自分の子供が一番かわいいものです。かわいいからこそ、叱るべきときには叱らなければなりません。わが子が悲しい思いをしたり涙を流したりしても、あえて厳しくしなければならないときがあるのです。きちんとしたしつけを受けずに育っていると、家庭の中にいるときはそれでよくても、外の世界では通用しません。そうなったときに恥をかいてしまったり他人から嫌われてしまったりするのは、ほかでもないわが子自身なのです。

　私は、一男四女の父親です。末の娘の美恵子が殿下と同級生なので、上の四人を育ててきた経験があります。

（私にとってもわが子はなによりもかわいい。その子供たちをしつけてきた経験は、殿下のご教育に際してもきっと生きるはずだ……）

　そういう思いからの、先の発言となったわけです。

『親身になって』という言葉があります。これは、まさに私の考えをピタリと言い当てたものです。親の身になって、つまり親の立場になって考えたり行動したりする。この姿勢が、私のしつけの原点でした。

殿下に対するしつけがすべて正しかったとは言いません。けれど、私は、ひたすら親身になって殿下をおしつけ申し上げた。それだけは胸を張って答えられます。

褒めることと叱ること

いま振り返ってみると、私はかなり厳しいしつけを殿下にしてきたような気がします。子供をどんどん甘やかすことが親の愛だと勘違いしている両親が増え、それを許す風潮が広がっていることを思うと、なおさらです。

私は、〝褒めるときはしっかり褒め、叱るときは厳しく叱る〟という姿勢で殿下のしつけに臨みました。

褒めることとお世辞を言うこととは違います。

たとえば、いつもご飯を残す子供がいるとしましょう。ご飯を残しているのを知りながら「よく食べたねえ」と声をかけたのでは、たんなるお世辞になって、その子は「ご飯を残してもいいんだ」と思い込んでしまいます。ご飯を全部食べられたときに初めて「よく食べたねえ」と褒めることで、その子は自分がご飯を残さなかったことの喜びを再確認するのです。

逆に、がんばって全部食べたのに「お代わりしないといけません」と言ってしまうと、子供のせっかくの努力が報われません。的を射た褒め言葉は、その時点での子供の成長の様子をちゃんと把握していないと出てこないのです。

殿下の場合では、洋服のボタンを留めることがいい例です。殿下は、身のこなしは活発であられたものの、手先は器用なほうではありませんでした。ですから、幼い頃はボタンを留めるのが一苦労です。顎《あご》を引き、真剣そのもののお顔つきで、ボタンを穴に押し込もうとなさる。失敗しては、また最初からやり直す。まさに、ボタンと格闘していらっしゃるようなご様子でした。

ただ、殿下は、とにかく粘り強くがんばる性格をお持ちでした。やりかけたことは、たとえ時間がかかっても、途中で投げ出すことなく必ず最後までやり抜こうとされるのです。この努力型のご性格が、のちに雅子さまとの愛を育まれるにあたっても、大いに生かされたのでしょう。

私も、殿下のそんなご性格を知っているので、着替えに時間がかかってもよけいな手助けはしませんでした。もちろん、「もう時間がありませんよ」といたずらにおあせらせするようなことは決して口に出さず、じっと黙っていました。

ボタンが一つ留まると、殿下はホッとした表情を浮かべられる。そのタイミングを逃さず、私は言うのです。

「よくおできになりましたね」

すると、殿下は満面に笑みをたたえられて、大きくうなずかれるのです。褒められた喜び以上に、自分はがんばったんだという満足感が生み出した、すがすがしい笑顔でした。

一方、叱るときにも注意が必要です。幼い子供というのは、一度「いけません」と言われても、なかなかそれを理屈で覚えることはできません。虫の居所が悪かったり、はしゃいでいたりすると、何度「いけません」と言ってもまったく効き目がないことがよくあります。殿下も、その点については、一般の子供と同じでした。

もちろん、そういったところは健康な男の子の証明でもあるのですが、しつけはしつけとして考えなければなりません。同じことをやっても昨日は叱られて今日は叱られないというのでは、いつまでたっても〝やってはいけないこと〟を覚えてはくれません。それどころか、少し知恵がついてくると「今日はお客さんがいるから叱られないぞ」「今日はお母さんは忙しいから、叱る暇なんてないぞ」と親の様子をうかがうようになってしまいかねません。

〝やってはいけないこと〟を決めたら、どんなときでもそれをやったら叱る。首尾一貫した姿勢が必要なのです。

　ですから、「いけません」と何度申し上げても殿下がお聞きにならないときには、体で覚えていただくための強行手段をとらざるをえません。お仕置きです。

　お尻《しり》を叩《たた》いたり、廊下にお出ししたり、庭にお立たせしたり、暗くした部屋にお閉じ込めしたり……。ふつうの家庭でやっているお仕置きと同じです。

　もちろん、お仕置きは、実は叱られる子供よりも叱る大人のほうがつらいのです。親なら誰でも、「どうしてわかってもらえないのか」という気持ちで子供を叱るはずです。私が殿下をお叱りするときも、やるせないような思いで一杯でした。

　両陛下がご公務でご旅行中だったある夜、私はお仕置きで殿下を真っ暗な遊戯室にお閉じ込めしました。

　ドアを閉めると間もなく、ドンドンとドアを叩く音とともに泣き声が聞こえてきました。

「オーちゃん、ごめんなさーい。オーちゃん、ごめんなさーい」

　いますぐにでもドアを開けてあげたいという、いてもたってもいられない気持ちに襲われました。でも、ここでお許ししては、殿下のためになりません。私は椅子に座り、両足の膝《ひざ》小僧を力一杯握りしめて、懸命にがまんしました。

（おつらいでしょうが、だからこそ、これからは聞き分けをよくしてください……）

私は目を堅くつぶり、心の中で繰り返しました。

もはやお仕置きしないと駄目だという状態だったことは確かですが、殿下がいったいどういうオイタをされたのか、いまでははっきりとしません。

ただ、「オーちゃん、ごめんなさーい」という殿下のか細い泣き声だけは、いまでも耳の、いや心の奥深くに刻み込まれているのです。

公私の別

殿下の場合、どうしても普通の子供以上に厳しくしつけていかなければならない理由がありました。

殿下が両陛下とお住まいになっている東宮御所は、ご一家の生活の場であると同時に、公的な機関でもあります。内外からの大切なお客さまをお迎えすることもあるし、私たち侍従も数多く立ち働いている。また、お庭の手入れに勤労奉仕してくださる団体の方々も訪れる。つまり東宮御所は、殿下にとって〝家庭〟であり、〝社会〟であったのです。

特に、殿下はご長男。いずれは天皇となられるお方であるだけに、まだ幼いお子さまとはいえ、お客さまの前でご挨拶《あいさつ》をしなければならないことも少なくありません。

その面では、公私の別ということは、幼い頃からきちんと把握していただかなければなりません。普通の子供のように「いやだもん」ではすまされない、そういうお立場にいらっしゃるのです。

具体的には、挨拶にかんして、私は厳しくお教えしたつもりです。朝の「おはようございます」から始まって、「ごきげんよう」「ありがとう」「さようなら」「いただきます」「ごちそうさま」「おやすみなさい」……。

大人にとってはなんでもない挨拶でも、子供には、しかも必ず欠かさずにおこなうというのは、なかなか大変です。殿下も、遊びに夢中になっていらっしゃるときなどには、靴紐《くつひも》を結んで差し上げても、つい「ありがとう」の挨拶をお忘れになってしまいます。そんなとき、私はわざわざ殿下を呼び止めて、挨拶をうながしました。

（せっかく遊びに夢中なのだから、あとでお話ししても……）

と思わなかったわけではありません。ですが、こういうものは時間をおいて「あのときは」とお話ししても意味がないのです。

殿下はさぞかし口うるさいオーちゃんだとお思いになったでしょう。

殿下ご自身も、素晴らしい資質をお持ちですし、両陛下という最高のお手本がいらっしゃったことが大きな力となったことでしょう。私のしつけが、それらにほんの少しでもお力添えができていたなら、ほんとうに嬉《うれ》しく光栄だと思います。

殿下は、早くからご自分は特別な立場なのだと自覚していらっしゃったようで、たとえばお客さまへのご挨拶でダダをこねたりされることは、まったくありませんでした。また、幼い子供にとって両親と触れ合う時間が少ないというのはつらくてたまらないことですが、殿下は決してそれを表面には出されません。子供としてのごく自然なわがままや甘えはもちろんあったものの、必要なときにはそれをしっかりと包み隠せるだけの芯《しん》の強さを、生まれながらにして持っておられるようでした。

報道陣のカメラに対してもそうです。お生まれになったときから、常に見られる立場にいらっしゃる殿下は、ずらりと並ぶカメラにも決してたじろがれることはありませんでした。

もちろん、殿下だって幼いお子さまです。カメラの放列に出くわされたときには、私の手を、いやまだお小さかった頃には私の指でしたが、握る指先にギュッと力が入ります。気の弱い子供なら、そこで泣き出してしまうかもしれません。それでも殿下は、すがるように私の手を握り締めながら、カメラに向かって、決して媚《こ》びるのではない笑顔を向けられたのです。

とはいっても、時には子供ならではの疑問や寂しさがぽろりと口をついて出てくることがあります。

四歳になって幼稚園に入られたとき、殿下は私にこんなことをおっしゃいました。

「オーちゃん、ぼくにはどうして名前がないの？」

殿下のお名前は『浩宮徳仁《なるひと》親王』ですが、『山本一郎』などという同級生の子供たちの名前とは違います。それに、先生や同級生が殿下をお呼びするのは『宮ちゃま』。これでは殿下が「ぼくには名前がない」と思われるのも当然です。

殿下は、どことなく寂しそうなお顔で私を見上げていらっしゃいます。納得のいくご説明をして差し上げなければならないのですが、さて、四歳の殿下にどのようにお話しすればわかっていただけるか……。その場はいろいろと話をはぐらかして終わりにしていただきましたが、おそらく、私はずいぶん困った顔をしてお話ししていたのだろうと思います。

また、こんなこともありました。小学校〔学習院初等科〕入学後、初めての授業参観日のことです。

その日は皇后さまもスケジュールをやりくりされて殿下の授業風景をご覧になった

のですが、お帰りは靴脱ぎ場で殿下と別れ、お一人でお車に乗られる手《て》筈《はず》になっていました。

ところが、他の親御さん方は、お子さんと連れ立ってお帰りになる。それを見ていて急に寂しくなられたのでしょう、殿下は靴脱ぎ場のところで、突然、皇后さまと私におっしゃいました。

「おたたさまと一緒に車で帰りたい」

そのときの殿下のお気持ちは、痛いほど伝わりました。ふと目を向けると、皇后さまも、慈しむようなまなざしで殿下を見つめていらっしゃいました。

「では、ご一緒に歩いて帰りましょうか」

皇后さまは優しくおっしゃいました。もちろん殿下は大喜びです。

しかし、残念ながら、警備の準備が間に合わないということで、せっかくのご提案はかないませんでした。すると皇后さまは、今度は、ご自分のお車に殿下をお乗せしてもいいだろうかと私にお尋ねになりました。

通学は徒歩が建前でしたが、私にだって、殿下のお気持ちや皇后さまのお気持ちはよくわかります。考えることなく、「どうぞ、そうなさっていただきます」と申し上げました。

そのときの殿下の嬉しそうなお顔は、私の思い出の中でもひときわ輝いていらっしゃいます。

ご養育掛りとして、父親として

前にもお話ししたとおり、私は、殿下のご養育掛りを拝命するにあたって公私両面の自分を精一杯ぶつけることをモットーにしてきました。殿下を将来天皇になられる特別な方としてのみ見るのではなく、親がわが子を見るように、二歳なら二歳、三歳なら三歳の子供として接する、とも。

それにかんしては、自分なりにまっとうしたつもりです。

ですが、公私両面を殿下のご養育にぶつけるというのは、私自身の家庭を二の次にしてしまうということでもあります。

殿下にお仕えしている当時は、そのことを考える余裕すらありませんでした。御所を離れてからも、忙しさに追われ、また殿下にかんする取材や原稿執筆が数多かったこともあって、わが子よりもまず殿下という考え方はなかなか消えてはくれませんでした。

殿下のご結婚を間近に控えたいま、生涯に一度の大きな仕事の仕上げを見届けさせていただいたような気分であらためて自分自身の〝私〟を振り返ってみると、

（偉そうなことを言ったり書いたりしてきても、父親・浜尾実《みのる》としては失格だったのかもしれないな……）

と思わずにはいられません。

殿下のご慶事にあやかるわけではありませんが、この機会に、いままで語ることのなかった私の家族についても章を割かせていただきたいと思います。

第四章　一男四女の父親として

結婚は契約違反

今上天皇の傅育官として東宮職に入るまでの私は、東洋化学という繊維会社のサラリーマンでした。といっても、普通の会社員とは違い、『繊維の分析研究』というテーマを与えられて大学の研究所に通う毎日でしたから、ほとんど学究生活と変わりないものでした。

そもそも私は将来の夢を学者と決めていましたので、その仕事にはなんの不満もありません。学生時代は東京大学工学部で学び、昭和二十三（一九四八）年に就職してからは同じ東大の農学部大学院で学ぶ、私にとっては理想的な生活でした。

そんな頃、お見合いをした一人の女性と婚約しました。それが、妻の須美子です。妻の父は三井物産につとめており、繊維業界は当時の花形でしたから、将来をずいぶん楽しみにしていたようです。

ところが、婚約中に東宮職へのお話が出てきました。まさに降って湧いたような話です。

（なぜ私のような若輩に……？）

最初は宮内庁の意図がまるでつかめませんでしたが、いろいろ聞いてみると、経緯がだいたいわかってきました。

私に白羽の矢が立った理由は二つありました。

一つは、祖父の浜尾新《あらた》からの皇室とのご縁です。祖父は東大総長を退官後、当時は皇太子だった昭和天皇のための東宮御学問所の副総裁をへて、東宮大夫《だいぶ》のお役目についていました。私自身への評価はともかく「浜尾新の孫なら、そうそう失礼なことはしないだろう」と宮内庁が判断したわけです。

また、もう一つの理由は、当時の今上天皇のお勉強相手は文科系の人ばかりだったので理科系の人間を一人加えたいということがあったようです。

いずれにしても、それまでの静かな研究生活と比べれば、あまりにも対照的な世界への転身です。悩みに悩んだすえお引き受けすることにしました。当時の吉田茂《よしだしげる》首相名の辞令を受け取ったのが昭和二十六（一九五一）年一月四日、妻と結婚式を挙げたのはその年の五月二十五日のことでした。

私は、悩んだとはいえ自分自身での決断ですから、研究生活をなげうつことに後悔はありません。学生時代の専攻が応用化学だったことに引っかけて、

（この〝応用〟に悔いはないんだ）

と自分に何度も言い聞かせていました。

ただし、気の毒なのは妻です。お見合いをしたときには研究者だった私が、結婚したときには東宮職。しかも、正式に決まるまで妻には一言も相談しなかったのですから……。

妻の父は、よく冗談まじりに「契約違反だよ」と言っていましたが、確かにそのとおりです。生活が一八〇度変わってしまうわけですから、婚約を解消されても文句の言えないところでした。

それにしても、人生には幾つか節目となる年があるといいますが、昭和二十六年という年は、私の人生にとってまさに大きな節目でした。

研究者から東宮傳育官への転身と、結婚——。

私は、公私ともども新しい道へ踏み出したのです。

パパは宮ちゃまのために……

慣れない職場で働くというのは、仕事中よりもむしろ家に帰ってからのほうが疲れを感じるようです。やはり、仕事中は気が張っていて、疲れを感じる余裕さえないのでしょう。

　ましてや、傅育官の仕事は、陛下の勉強のお相手です。間違ったことをお教えしてはいけませんし、一人よがりのわかりにくい説明でもいけません。人になにかを教えるよりも自分一人でコツコツ勉強するほうが向く性格だっただけに、毎日毎日気の抜けるときがありませんでした。

　もちろん、陛下のお人柄に救われた部分はたくさんありますし、試験前には深夜まで陛下の勉強におつきあいしたことなど、楽しい思い出には事欠きません。

　しかし、そのぶん、新婚間もない妻にはずいぶん寂しい思いもさせてしまいました。妻の口からは不平不満はただの一度も聞いたことがありませんが、おそらく寂しさは感じていただろうと思います。

　それでも、こういう言い方は適切でないかもしれませんが、傅育官時代はまだよかった。陛下の勉強のお相手をつとめるだけですから、自分の担当の時間以外は比較的自由に過ごすことが可能でした。

ところが、職務が殿下のご養育掛りに変わると、そういうわけにはいきません。なんといっても幼いお子さまですから、おそばにいるときはもちろん、家に帰って布団に入ってからも、殿下のことが気になってしかたありません。

（殿下は、もうお休みになられただろうか。寝冷えなどはなさらないだろうか。夕食をあまりお召し上がりにならなかったが、夜中におなかが空《す》いて泣き出されたりしないだろうか……）

気持ちの面では二十四時間労働、休日なし。これがご養育掛りだった頃の、私の毎日でした。毎日、朝早く官舎を出て、帰宅するのは子供たちの寝ついたあと。実際にお目にかかる時間以外でも、仕事のことが片時も頭から離れません。

しかも、殿下が初等科に進まれてからは日曜日に出勤することも増えました。月曜日から土曜日までは学校ですから、たとえば美術館へのお出掛けなどは日曜日しかおあてになれないのです。

わが家には、一男四女の子供がいますが、古いアルバムをめくってみても、子供たちと一緒に写っている私の写真はほとんどありません。日曜日に遊園地や動物園に行くことはおろか、会話を楽しむ時間すらとれない忙しさだったのですから。

たまに早く家に帰れても、そんなときにはたまっていた疲れがどっと出てしまいます。子供たちはパパが早く帰ったのが嬉《うれ》しくてたまりませんから、「パパ、おんぶして」「パパ、抱っこして」「絵本読んで」とまとわりついてくる。ほんとうなら父親冥《みょう》利《り》につきるときなのでしょうが、なにしろこっちは朝からずっと殿下と過ごしているのです。本音を言えば、家にいるときくらいは小さな子供を見たくない……。ひどい親だと自分でも思いますが、それが実感です。

当時の流行歌に『世界はふたりのために』という曲がありました。子供たちは、それをもじって、こんなふうにつぶやいていました。

「パパは宮ちゃまのためにいらっしゃるのね……」

子供たちは、幼いながらも私の仕事のことをわかってくれてはいました。けれど、やはり子供ならではの寂しさが出てくるのでしょう。そのつぶやきを聞くたびに、先に綴《つづ》った「おたさまと一緒に車で帰りたい」という殿下のお言葉を聞いたときと同じように、胸をしめつけられるような思いに襲われました。

仕事の性質上やむをえないこととはいえ、仕事と家庭との両立という点では、私は完全に失格だったのです。

わが家の子供は殿下の幼なじみ

わが家の子供は、まず娘が、友美子、公美子、双美子と三人生まれ、次に男の子。名前は昇というのですが、ちょうど殿下の一歳年上です。末っ子がまた娘で、この子は殿下の同級生。美恵子といいます。

上の三人は聖心女子学院に進ませましたが、昇と美恵子は学習院。特に美恵子は幼稚園の『さくら組』で殿下と同じクラスでした。

そのため、私が殿下のお供で幼稚園や小学校へ行くと、よく昇や美恵子と出くわしました。ただし、たとえわが子であっても、こちらは職務中ですから、ほとんど話などできません。父母会の日にどうしても皇后さまのご都合がおつきにならないときは、自分の子供はすべて妻に任せ、私は殿下の父母代理として、殿下のクラスへ向かうのです。

幼い頃は私がほとんど家にいなくて寂しがっていた昇や美恵子も、学校に通うようになると、言うことが変わってきました。

「いつも学校にパパがいるから嫌だ」

まったく、子供たちにはかわいそうなことばかりしています。

それでも、官舎が東宮御所の敷地内だったせいもあって、昇はずいぶん殿下の遊び相手をつとめさせていただきました。東宮御所にお招きをいただいたことも何度かありますし、また殿下のほうからわが家へお越しになることもありました。

御所から官舎までは、歩いて十五分。自転車なら七、八分というところでしょうか。殿下は、だいたい自転車にお乗りになって訪ねてこられました。

余談になりますが、自転車も、私がお教えしたのです。

殿下は決して器用なほうではありませんでしたので、自転車をマスターするのも、転んで膝《ひざ》小僧を擦りむいたり、痣《あざ》をつくられたりしながら、少しずつ上手になっていかれました。私は、たとえ殿下が膝小僧に血をにじませておられても、決して抱き起こそうとはしませんでした。殿下は半分ベソをかきながらも、ご自分の力で立ち上がり、自転車を起こされます。そういう積み重ねで、独立心を養っていただきたいと思っていたのです。もっとも、殿下が立ち上がられるのを見守りながら、つい手をお貸ししてしまいそうになることもしばしばでしたが……。

少し慣れてくると、私は後ろから荷台を支え、殿下はハンドルをふらつかせながらゆっくりと自転車をお進めになる。ある程度スピードが乗ったら、私はこっそり手を離すわけです。「離しますよ」と申し上げると、緊張でかえって失敗しますから。殿下は、てっきり私が後ろから支えていると思っていらっしゃるので、自信たっぷりにペダルを漕《こ》がれる。そして、しばらく進んだあとでふと振り向かれると、ご自分で漕がれたことにお気づきになるわけです。

そんなふうにして自転車を覚えられたのですから、私にとっては、殿下がわが家へ自転車でお越しになるのは嬉しいことでもあるのです。

（ああ、宮さまも自転車がすっかりお上手になられたなあ……）

ただし、妻のほうは、そういうわけにはいきません。

殿下がおいでになるという連絡が侍従から入りますと、もう大騒ぎです。部屋の掃除をしなくちゃならない、おやつはなにを差し上げればよいか、子供たちが失礼なことをしないだろうか……。

「オーちゃん！」

殿下は玄関から、甲高い声でお呼びになります。子供たちは大喜びですが、妻にとっては大変なひとときが始まります。

子供たちは自由奔放ですから、母親の心配などおかまいなしに、鬼ごっこに興じたりかくれんぼを楽しんだりです。

たとえば鬼ごっこでも、お相手がわれわれ大人なら、殿下がお逃げになるときはわざとつかまえそこねたふりをしたり、殿下が鬼になられていたらゆっくり走ったりと、ある程度の配慮をするものです。殿下だからというのではなく、子供と遊ぶときにはやはり子供が一番楽しめるように調節するわけです。

ところが、子供同士だと遠慮がないものですから、わが家の昇など全速力で殿下を追いかけていきます。昇は殿下の一歳年上。子供にとって一歳の違いは、走る速さひとつとってもまったく違いますから、殿下はすぐにつかまってしまいます。しかも、夢中になっているから、「つかまえたあ！」と殿下にタッチするのも、かなり乱暴な動作になってしまいます。その間、妻は、ずっとハラハラしどおしだったのです。

殿下がお怪我やケンカをなさらずに、無事に御所にお帰りになったのを確かめてから、妻は安堵《あんど》のため息を漏らしていました。実際、万が一のことがあったら「申し訳ございませんでした」ではすまないのですから……。

また、末娘の美恵子は殿下と同級生でしたから、父母参観日のときには皇后さまが妻と同じ教室で授業を参観なさることもありました。そんなとき、皇后さまは、妻のそばにいらっしゃることが多かったのですが、やはり、皇后さまも、少しでも気心の知れた相手と一緒にいるほうが気が楽でいらっしゃったのでしょう。ですが、妻は緊張して……授業参観に来ながら、美恵子のことは上の空ということもあったそうです。

そんな具合に、妻にはずいぶん気を遣わせてしまいましたが、考えてみれば、殿下はものごころついた頃から私のような大人とばかりつきあっていらっしゃいました。少なくとも、秋篠宮さまがお生まれになるまでは、一般の子供のように子供同士で遊ぶということがほとんどおありにならなかったのです。

私の子供たちは、殿下の唯一の幼なじみだったと言えるでしょう。

一度、こんなこともありました。

お遊びのお相手に御所に上がった昇は、こともあろうに解剖ごっこを始めてしまい、殿下もご一緒に、御所で飼われていた熱帯魚をつかみ出しては切りきざんでしまったのです。陛下は魚類の研究家でいらっしゃいますから、殿下はお父さまのなさることを見ていらしたのでしょう。大喜びでお手つきもあざやかに解剖なさったとのことです。

その後しばらくたってお目にかかった折り、皇后さまはおわび申し上げた妻に「ほんとうに残酷物語でしたわね」と優しく、そしておかしそうにお笑いになりながらおっしゃったそうです。

昇と美恵子は、殿下にお誘いを受けてご一緒に登山をしたこともあります。私もついていくのですが、三人は子供同士で話がはずみ、私はすっかりのけ者です。やはり、子供は子供同士が一番。殿下のように特別な立場にいらっしゃっても、ときには子供同士のおしゃべりをお楽しみいただくことも必要です。昇の申し上げた冗談に無邪気な笑い声をあげられる殿下の横顔を眺めながら、私は、

（ひょっとしたら、両陛下は、私に殿下と同じくらいの年格好の子供がいることもお考えになって、ご養育掛りを命じられたのかもしれないな……）

そんなことを、ふと考えていました。

妻との二十一年ぶりの旅行

平成三（一九九一）年、私たち夫婦は四十回目の結婚記念日を迎えました。「よく四十年ももったね」と子供たちにからかわれましたが、まんざらそれは冗談だけの言葉ではなかったでしょう。

私は、世代的なものもあるのでしょうが、基本的には亭主関白で、東宮職を拝命したときもそうだったように、東宮職を辞したときも妻にはすべて事後報告でした。

取材を受けるたびにインタビュアーから「東宮職に入って人生が一八〇度変わられたのですね」と言われるのですが、私はすべて自分で決断しているので「人生が変わった」という気はあまりしないのです。「人生が変わった」という表現に価するのは、

実は、妻のほうなのかもしれません。なにひとつ口には出しませんが、不満や心配事は四十年の月日の中で数えきれないほどあったはずです。身内褒めになってしまいますが、ほんとうに〝忍〟の一字でよくついてきてくれた、と妻には心から感謝しています。

子供のことも、ほとんどすべて妻に任せきりでした。

子供の教育にかんして、私が伝えたのは、基本中の基本のことだけです。

「君たちは、パパやママをだますことはできるよ。でも、神様をだますことはできないんだよ」

これはどういうことかと言いますと、昔から『おふくろはもったいないが、だましよい』という言葉があるように、親をだますのは簡単なのです。私だって、いま、実は子供たちからだまされているのかもしれません。しかし、親はだませても神様はだませない。私たち一家はカトリックですから、神様という言葉は、わが家で一番大きな力を持っているのです。ですから、子供たちには、親との関係ではなくて神様との関係で生きてほしいのです。親をだまして「よかった、よかった」と思っていてはいけません。神様は決してだますことができないのですから。

意地悪な人に言わせると、私のその言い方は、まるで神様任せのように聞こえるかもしれません。しかし、「親をだますな」と言ってもだましてしまうのが子供というものです。悪い意味ばかりではなく、成長して親を越えていくというのはそういうものでしょう。ですから、親はいずれ子供に対して無力になる。子供に対して永遠に力を持ちつづけていられるのは神様しかいません。そういう存在と自分との関係を、常に考えていてほしい……。私はそう考えているのです。

　四十回目の結婚記念日のときに、妻と昔話に花を咲かせていて、ふと気づきました。私と妻が一緒に旅行に出掛けたのは、昭和四十五（一九七〇）年に開かれた大阪万博を見学に行って以来、一度もなかったのです。しかも、そのときは日帰りでした。殿下のお世話があるので、泊まるわけにはいかなかったのです。

　これには、あらためて自分の怠慢さを思い知らされました。東宮職にいた頃はともかく、職を辞してからの日々、忙しさに流されて家庭を顧みなかったツケは、二十年以上にわたってたまっていたのです。私は講演などで各地を訪ねているから、まだいいのですが、妻のほうは子育てに追われ、その旅行のとき以来新幹線にすら一度も乗っていないのです。

　遅ればせながらの家族サービスを……と、四十回目の結婚記念日を迎えたお祝いに、二泊三日で妻と一緒に日光《にっこう》に出掛けてきました。あれは六月の初旬のことでしたから、

そろそろ丸二年になります。日光に出掛けたとき、目にも鮮やかな緑に包まれて喜んでいた妻に、

(これからは、二人でのんびり旅行を楽しもう。行きたいところがあれば、どんどん連れていってあげるから)

と心の中で語りかけていたのですが、さて、また昔のように「契約違反よ」と笑われてしまうでしょうか……。

第五章　真剣勝負の日々

人事を尽くして天命を待つ

殿下を特別な人としてのみ見るのはやめる。これは、私なりのご教育の基本であるだけでなく、私がご養育掛りの大任をつづけるうえでの大きな支えでもありました。なぜなら、そう思っておかないと怖さばかりが先に立って、とても御所へは向かえなくなってしまうからです。まだ幼いお体で、しかも現在と比べると医療水準も低い時代です。もしもおそばについているときになにかあったら……。そう思うと、怖くて怖くてたまりません。ご両親である両陛下に対する責任はもとより、国民すべてに対する責任があるのですから。

秋篠宮さまがお生まれになってしばらくたった頃、私は御所でこんな光景を目にしました。ご公務で御所を何日か留守にしていらっしゃった両陛下がお帰りになったときのことです。

職員一同が正面玄関でお出迎えすると、皇后さまは車から降りられるとすぐに秋篠宮さまを抱いた看護婦さんへ歩み寄られ、看護婦さんの両腕の中からそっと秋篠宮さまを抱きとられました。

その瞬間です。看護婦さんは、堰《せき》を切ったように泣き出したのです。秋篠宮さまをお預かりしている間ずっと張り詰めていた緊張の糸が、無事皇后さまにお返しした安《あん》堵《ど》感でプツリと切れてしまい、嗚咽《おえつ》となったのでしょう。

私には、その看護婦さんの気持ちが痛いほどよくわかりました。

私自身、さすがに泣き出すことはありませんでしたが、殿下にお仕えした十年間は、常に緊張の中に身を置いていました。人事を尽くして天命を待つ――。まさに、その言葉がぴったりくるような毎日です。精一杯にお仕えして、あとは神に祈るしかありません。心のどこかでそうした覚悟を持ち、また、意識的に「殿下は宮さまである以前に二歳のお子さまなのだ」という姿勢をとっていないと、十年間もの長い月日のお世話は、とてもつとまらなかったでしょう。

もちろん、両陛下は、そんな私たちの苦労はちゃんとお察しになってくださっていました。お声をかけていただくときのお言葉の端々に、ねぎらいのお優しさが感じ取れるのです。それを励みにしていたからこそ頑張ってこられたのだと言っても過言ではありません。

殿下が三歳の頃、皇后さまがこんなことをおっしゃいました。

「ナルちゃんは、オーちゃんの子供のようですね」

確かに、ご公務でお忙しい両陛下は、なかなか殿下とご一緒にお過ごしになるお時間がとれません。一方、私は殿下とご一緒するのが仕事なのですから、皇后さまがそんなふうにおっしゃるのも無理のないことでした。ただ、そのお言葉には、おそらく母親としてのお寂しさはにじんでいたでしょうが、皮肉や不満めいた響きは毫《ごう》もありませんでした。むしろ、「わが子のようによくやってくださって……」という私へのねぎらいの意味のほうが強かったのでしょう。

私は皇后さまの暖かいお心遣いに感激し、けれど同時にあらためて責任の重さを痛感し、背筋がゾクッと震えるような思いでした。

また、始終おそばにいれば、どうしても殿下の仕草や癖などに私の影響が出てしまいます。

たとえば、話し方がそうでした。

私は、まだ殿下がカタコトしか言葉をお話しにならない時期からお仕えしていたこともあって、とにかく一語一語を明瞭《めいりょう》に発音することを心掛けていました。当然、口調もゆっくりしたものになりますし、幼な子に教えさとす説得調が増えてきます。そうした特徴が、殿下の話し方に少なからず影響を与えているのではないかというような気もします。

子供は環境によって育つ、とよく言われます。乱暴な言葉遣いをする母親に育てられた子供は、やはり同じように乱暴な言葉を口にするようになってしまいます。まさに子は親の鏡となっているのです。ですから、ご成人されてご立派になられた殿下を拝見するにつけても、

（自分が悪い影響を与えないで、ほんとうによかった……）

と、胸を撫《な》でおろすことしきりです。

殿下とは、たとえ実際にお目にかかったり、お手紙やお電話のやりとりをしていないときでも、常に言葉にならない会話を交わさせていただいているように思えるときもあるのです。

テレビの画面に映る殿下のお姿を拝見していると、どこからともなく、

「オーちゃん、ぼくは元気だよ」

という殿下のお声が聞こえてくるような気がします。

そして私は画面の中の殿下に、

「殿下、ご立派に成人あそばしましたね」

と心の中でご返事を差し上げるのです。御所を離れてから二十二年間、ずっとそれを繰り返してきたのでした。

初めてのおひとり旅

ご養育掛りの責任の重さをお伝えするエピソードは数多くあります。いや、ほんとうはエピソードという形をとってまとめることなど不可能なのかもしれません。日常の殿下のご生活すべてに対して、私は、重い責任を感じていたのですから。

しかし、その中でも特に忘れ難い思い出といえば、やはり初めてのおひとり旅でしょう。昭和四十二（一九六七）年、殿下が七歳になられた頃のことです。

殿下は、静岡県の浜名《はまな》湖《こ》をお訪ねになられました。私がお供についていたものの、両陛下は同行されない、生まれて初めてのおひとり旅です。もちろん、私にとっても、御所以外のところで一日中お世話をするのは初めての経験です。御所なら他の侍従もおりますし、なにかと勝手もわかっています。しかし、初めて泊まる場所で、はたしてきちんとお世話ができるだろうか……。さらに、慣れないご旅行で殿下がお疲れから病気になってしまうのも心配でなりません。正直なところ、私はすでに出発する前から疲れていました。

　おそらく、殿下のお心の中にも、期待だけでなく不安や寂しさもおありになったことでしょう。なんといっても、いままでのご旅行は両陛下とご一緒だったのが、今度は殿下ご自身が〝主役〟なのですから。

　ミカン工場、養鰻《ようまん》場、スッポンの養殖場、楽器工場……。訪問される場所ごとに、歓迎の人だかりができています。いつもなら歓迎の人々へは両陛下がご挨拶《あいさつ》をされ、殿下はそのお隣に立っておられればいいのですが、今回はそういうわけにはいきません。わずか七歳の殿下が、歓迎の人々の前にたったひとりでお立ちにならなければならないのです。

（宮さま、頑張ってください。いつも御所で練習されていたご挨拶を、きちんとなさってください……）

　私は祈るような思いで、殿下を見つめました。

　しかし、それは取り越し苦労にすぎませんでした。

　殿下は物おじせずに人々の前にお立ちになり、少年らしい明るさと皇族としての気品を兼ね備えた元気なご挨拶を送られたのです。

やはり殿下は、特別な方なのです。心の芯《しん》がしっかりとしていらっしゃることにかんしては、凡百の大人を遥《はる》かに凌《しの》いでいらっしゃいます。私は、あらためて殿下のご成長ぶりを嚙《か》み締めたのでした。

とはいえ、殿下は宮さまであると同時に七歳の少年です。宿舎となっていたのはある電鉄会社の保養所で、殿下と私はひとつの部屋で枕を並べて寝ることになっていたのですが、殿下はなかなかお布団に入ろうとなさいません。

昼間のご興奮もあったでしょうし、いつもはベッドでおやすみになっているため、畳に布団というのが珍しかったこともあるのでしょう。ちなみに、御所での生活はすべてが洋式です。わが家に遊びに来られた殿下が御所にお帰りになったあと、皇后さまに、

「浜尾さんの家にはコタツというものがあって暖かいよ」

と重大なニュースのようにご報告なさったこともあります。

それはともかく、殿下がなかなかおやすみにならないので、私は困り果てました。当時の殿下は夜八時半ごろに床につかれるご習慣でしたので、たとえ旅行中とはいっても、それを崩したくはなかったのです。「今日だけですよ」と例外を認める方法は好ましくありません。

私は一計を案じました。

「宮さまがおやすみにならなければ、私は先に失礼しますよ」

そう申し上げれば殿下も「ぼくも一緒に寝る」とおっしゃるだろう、と考えたのです。ところが殿下は、まるで私のたくらみを見抜いていらっしゃるかのように、いたずらっぽくうなずかれるだけです。

しかたなく、私は自分の布団にもぐり込み、タヌキ寝入りをしながら、殿下がおやすみになるのを待ちました。計画はなんとかうまくいき、殿下はほどなくご自分のお布団にお入りになりましたが……実は、これには後日談があるのです。

旅行からお帰りになられて、皇后さまに旅先での思い出をお話しになっていた殿下は、これもいたずらっぽい笑みをたたえたまま、こうおっしゃったのです。

「浜尾さんはね、ぼくより先に寝てしまったんだよ」

事情をご存じない皇后さまがびっくりなさったのを見た瞬間、背筋を冷たいものが流れました。殿下をお守りする役目をおおせつかった私が、こともあろうに旅先のお宿で殿下より先に寝てしまったとなっては、怠慢のそしりを免れません。

私はあわてて皇后さまに事情をご説明申し上げ、最後は笑い話で収まったのですが、

（たとえ寝たふりとはいえ、殿下が誤解を抱かれるような、ああいう行動は謹むべき

だったのかもしれない）と、いまも反省しています。

ひょっとしたら、殿下は、そのことも先刻ご承知のうえでイタズラを仕掛けられたのかもしれませんが……。

イビキ事件

また、殿下のご旅行にお供したときの失敗談には、こんなものもあります。

殿下が初等科の三年生か四年生の頃の夏休み、三泊四日の日程で関西地方をご旅行されたのです。

和歌山には、和歌《わか》の浦《うら》という名勝があり、紀宮さまのお名前も、そこを詠んだ山部《やまべの》赤人《あかひと》の和歌からとられています。殿下もそのことはご存じで、「サーヤの名前のもとになった和歌の浦に行ってみたい」と両陛下におっしゃって、ご旅行が実現したわけです。

おひとり旅については浜名湖の経験がおありでしたが、そのときは一泊二日。今度は三泊四日ですので、いきおいご訪問される場所も増えてきます。お目当ての和歌山だけでなく、京都、奈良……。

殿下はご旅行中、皇后さまへの電話連絡はお欠かしになりませんでした。毎朝、御所にお電話をして、昨日訪れたところやそのご感想をご報告されるのです。

これは、浜名湖ご旅行のときも同じでした。出発前に、皇后さまと殿下がお約束していらしたらしいのですが、お約束を破ることなくお電話をしていらっしゃる殿下のお姿を眺めていると、両陛下のご婚約中もお電話でのデートが多かったことが、ふと思い出されてきました。また、いまにして思うと、殿下と雅子さまもお電話でご連絡をとり合っておられたわけですから、ご公務にお忙しいご一家にとって、電話はなによりのコミュニケーションの手段だったのでしょう。

さて、三泊四日といえば、大人にとってもかなりの長旅です。それでも殿下はお疲れなどいっさい見せず、元気一杯に見聞を広めていらっしゃいました。一方、私のほうは旅の疲れがたまってしまったのか、三日目の夜に大失敗をやらかしてしまったのです。

今日は東京へお帰りになるという四日目の朝、いつものようにお電話で皇后さまに旅のご報告をされていた殿下は、こうおっしゃいました。

「ねえ、おたたさま。ゆうべは浜尾さんのイビキで、ぼく眠れなかったの」

これには、まいりました。私は殿下が寝付かれたのを確かめてからやすんでいたのですが、やはり旅の疲れのせいでしょう、大きなイビキをかいてしまい、殿下の眠りをさまたげてしまったのです。お供の者のイビキで殿下が眠れなくなってしまった……。これは失態以外の何物でもありません。昔でしたら、大変なことになっていたでしょう。

幸い、皇后さまは笑ってお許しになってくださいましたが、いまでも思い出すと身の縮まるような思い出ではあります。

人間として恥ずかしくないように

これらの失敗談からもおわかりのとおり、私は、ほんとうに両陛下のお優しさに救われてきたのだと思います。

私の厳しいしつけについても、もしも両陛下が「そこまでやることはない」とおっしゃっていたら、きっと私は途方に暮れてしまっていたでしょう。あるいは「かくあるべきだ」ということをおっしゃっていたなら、ずいぶんと仕事が難しくなっていたに違いありません。

けれど、両陛下は決してそういうことはおっしゃられませんでした。それどころか、ご養育掛りのご下命をいただいた当日の、皇后さまのお言葉はいまもはっきりと憶《おぼ》えています。

「お互いによくお話し合いをしながら、その都度いい方法を選んでゆくことにしたいと思います」

お仕えする者にとって、これほどのありがたいお言葉があるでしょうか。〝お互いに〟というところに、私は身に余る光栄を感じました。むろん、それは裏返せばズシリと重い責任をいただいたということにもなるのでしょうが。

また、〝その都度〟というお考えにも、皇后さまのご聡明《そうめい》さがしのばれるでしょう。子育てというものには、法則や公式はありません。日々成長する生身の人間に、生身の大人が相対するのです。一番根本的な姿勢はともかくとして、細かいところまで最初からひとつの考えに凝り固まっていては、どうしても無理が出てきてしまいます。ある程度の柔軟性をもって接することが大切なのです。

両陛下のお考えになっていらっしゃる子育ての姿勢は、「人間として恥ずかしくない人となるように」でした。「勉強ができるように」「運動会で一等をとるように」……そういうものではなく、あくまでも一人の人間として立派になることを望んでいらっしゃったのです。

　このお考えは、十年間のご養育掛りの日々を通じて、常に私の心の中心にありました。どうお育てすればよいのか悩むたびに、そこに立ち返るのです。原点だったと言えるでしょう。

　両陛下ご自身がこうした基本姿勢を持っていらっしゃることは、私にとってはほんとうにありがたいことでした。

　また宮内庁の批判になってしまいますが、人間というのは嫉妬《しっと》をする唯一の動物だと言います。これはどの社会でもそうなのでしょうが、特に宮内庁は、御所という狭い世界の中で生き、保守的な考え方が優先されるところです。陛下の傅育官をへて殿下のご養育掛りをつとめていた私への風当たりも、決して弱くはありません。ご一家と常に一番近い場所にいるため、接触することも多い。他の侍従にとっては「なぜ浜尾ばかりが……」となってしまうのです。

　それだけならいいのですが、侍従の中には先輩風を吹かして、私のやり方にいちいち「これはおかしい」「ここはこうするべきだ」と口出しをしてくる人もいました。

　そんなとき、私は決まってこう言い返すのです。

「わかりました。両陛下にうかがっておきます」

もちろん、両陛下がその侍従の意見に賛成されるのであれば、私は喜んでやり方を変えたはずです。また、両陛下が「よきにはからえ」ですべてを委《ゆだ》ねるお方であったなら、殿下の子育ての姿勢もクルクル変わってしまっていたでしょう。

しかし、私には自分なりに両陛下のお考えを理解しているという自信がありました。私のやり方が間違っていれば、両陛下は必ずおっしゃってくださる。なにもおっしゃらないということは、いまのやり方が両陛下のお考えと一致しているということだ。だから外野からの口出しはご無用……。生意気な姿勢かもしれません。しかし、それくらいの気構えがないと、一人の子供をきちんと育てあげることはできないというのも、また確かなのです。

その意味では、殿下をお守りしている私も、実は両陛下に守られつづけていたのでしょう。

目の前を流れ去る風景

先ほど、殿下とのご旅行の思い出を綴《つづ》りながら、

（さて、あの日はどんなお天気で、新幹線の車窓からはどんなものを見ていただろう

か……）

と、あれこれ記憶の糸をたぐってみました。

ところが、ペンを置き、考えを巡らせても、風景がまったく出てこないのです。蘇《よみがえ》ってくるのは、殿下のお姿と、ご旅行がつつがなく終わるようにと祈る私の気持ちだけです。

確かに、新幹線の中で殿下が「浜尾さん、ほら、あれきれいだね」と窓の外を指さされると、私もいちおう同じものを見て、相槌《あいづち》をお返しします。しかし、頭の中は、まったく違うことを考えているのです。

（駅の階段でお転びにならないだろうか……冷房が少し効きすぎてはいないだろうか……待ち受ける報道陣はどのくらいの数なのだろうか……歓迎の人々にきちんとご挨《あい》拶《さつ》がおできになるだろうか……警備のほうは万全なのだろうか……）

そんなことばかり、頭の中をグルグルまわっているのです。風景を眺めても、それは目の前を流れ去っていくだけ。殿下とお話ししたことすら、記憶に残っていないのです。決して生返事でやり過ごしたというわけではありませんが、心ここにあらずという感じでした。

いや、それはご旅行の際に限ったことではありません。毎日の生活が真剣勝負ですから、どんなときでもいっさい気は抜けません。とはいえ、殿下はまだお子さまです。こちらが緊張感を丸出しにしていては、おなつきいただくことはできません。また、子供というのは大人の態度に敏感ですから、こちらが張り詰めた顔ばかりしていると、殿下によからぬ気遣いを強いることになってしまいます。心の中ではハラハラしたり泣き出しそうになりながら、表面上はにこやかに微笑む……。表現は悪いのですが、そうした演技のテクニックを、私はいつの間にか覚えてしまったようでした。

　おもしろい話があります。

　私は、実は十年間も殿下のおそばにいながら、その間に殿下の夢を見たことはただの一度もないのです。

　ところが、最近になって、毎晩のように幼かった頃の殿下の夢を見るようになりました。

　これはいったいどういうことなのだろう、と心理学の先生にうかがったことがあります。

　先生は、

「それは十分にありうる話です」

　とおっしゃいました。つまり、あの十年間は、確かに楽しかったけれど、ずっと責

任の重さを感じつづけてきたわけです。ですから、当時は御所から官舎へ帰るときに、無意識のうちに、

(忘れよう、忘れよう、今日のつらいことは忘れよう……)

と自分に言い聞かせていたらしいのです。そのため、夢を見ることがなかったのです。

いまは逆に、責任の重さがなくなったので、楽しかったことばかりを思い出していられます。とりわけ、殿下のご婚約が決まったことで、完全に肩の荷が降りたようなものです。それで、ゆっくりと夢の中で殿下と遊ぶことができるのです。言ってみれば、楽隠居の感覚に近いのかもしれません。思い出のひとつひとつを、毎晩夢の中で楽しんでいる……。まったく、ぜいたくな話です。

けれど、夢の中の殿下は、いつもにこやかに笑っていらっしゃいます。それがなによりも嬉《うれ》しいのです。泣き顔や、すねた顔は、まったく出てきません。

殿下は、私に、笑顔の思い出をたくさん与えてくださいました。

それこそが、私へのねぎらいだったのかもしれません。

第六章　ご長男としての殿下

長男とは……

殿下のご結婚問題がマスコミで取り沙汰《ざた》されているとき、しばしば目にしたり耳にしたりしたことに、「長男は損だ」というものがありました。殿下のご結婚が遅れているのは、殿下が将来天皇となるお方、すなわち両陛下のご長男だということが大きいのではないか、というのです。

確かに、その論調にも理はあります。殿下は、ご性格からしてもご聡明《そうめい》さからしても、非のうちどころのない、たいへんに優れたお方です。もしも特別のお立場にいらっしゃらなかったとしたら、雅子さまとのご結婚も早い時期に実現していたでしょう。

また、ご兄弟の順番が入れ替わるような形で秋篠宮さまが紀子さまとご結婚されたことも、やはり長男は大変なんだというイメージを人々に与えたに違いありません。

しかし、私はあえてそうした見方には異議を唱えたいのです。世継ぎとしての長男のお立場の難しさは認めます。ただ、だからといって「長男は損だ」と短絡してしまうのは、あまりにも一面的ではないでしょうか。

私は、カタコト言葉の当時から殿下のご成長ぶりを見守ってきました。子供というのは不思議なもので、毎日同じペースで成長を遂げていくのではなく、なにかのきっかけでグンと大人びてくることが多いのです。殿下の場合は、幼稚園へのご入園がまず最初のステップでした。それまで御所の中だけがご自分の世界だったのが、幼稚園に入られたことで初めて外の世界に触れられたのです。

そして、二つめのステップは、秋篠宮さまのご誕生でした。秋篠宮さまのご誕生によって、殿下は〝ひとりっ子〟から〝お兄ちゃま〟へとお変わりになりました。いままでは御所の中でご自分が一番小さかったのが、ご自分より小さな弟君を迎えることで、ひとつ大人になったのだというご自覚をお持ちになることができたのです。

殿下は、秋篠宮さまを「アーヤ、アーヤ」とほんとうにおかわいがりになられました。また、のちに紀宮さまがお生まれになったときには、秋篠宮さまとご一緒に、ことあるごとに「サーヤ、サーヤ」です。幼い頃から、ご自分より弱い存在、小さな存在に対して優しい心をお持ちになっていた……。このことは、成人されてからの殿下のお姿にも反映されているような気がしてなりません。

たとえば、昭和六十一（一九八六）年、満二十六歳のお誕生日をお迎えになった殿下は、記者会見でお妃《きさき》の理想像についてお話しになりました。それまでの理想像は「自分と価値観の同じ人」だったのですが、付け加える形で、こうおっしゃっています。

「人の心情、悩み、苦しみを推し量って、思いやれる人が良い」

これこそ、まさに弟君、妹君の兄君、つまり天皇家のご長男としての殿下ならではのお言葉ではないでしょうか。

そういえば、雅子さまも、三人姉妹のご長女です。幼い頃から年下のきょうだいをかわいがってこられた体験は、きっと、国民に接するときにも活《い》かされるはずです。

もちろん、弟君の秋篠宮さまも、いつまでも兄君に甘えてばかりではありません。平成元（一九八九）年、大学をご卒業されたときの記者会見では、マスコミに常に取り囲まれる兄君のことに触れられて、こうおっしゃっています。

「それだけ、みなが注目すれば、女性とのつきあいも難しくなる。もう少しそういうことに自由があってよいのではないでしょうか」

柔らかな表現で、マスコミの過剰報道をたしなめられたのです。秋篠宮さまのご成長と、兄君を思いやる優しいお心持ちがにじむご発言だったと思います。

きょうだいというのは、やはり素晴らしい。私自身、五人の子供を持つ父親ですから、それは実感しています。上の子は下の子をかわいがることで優しさや思いやりを学び、下の子はやがて成長して上の子を助けていく……。

この章では、殿下と秋篠宮さま、紀宮さまのごきょうだいについて、思い起こしてまいりたいと思います。〝殿下〟という呼び名は秋篠宮さまにも共通いたしますので、この章にかぎり、皇太子さまとあらためさせていただきます。

ぼく、お兄ちゃまになるんだよ

秋篠宮さまがお生まれになったのは、昭和四十（一九六五）年十一月三十日でした。もちろん、皇太子さまは、皇后さまのおめでたをお知りになったときから、その日を心待ちにしていらっしゃいました。

実は、皇后さまは、ご懐妊の公式発表の前に、すでに皇太子さまにはおめでたを知らせていらっしゃいました。ご懐妊の喜びを皇太子さまと分かち合おうとお考えになったのでしょう。

ある日、幼稚園からの帰りの車の中で、皇太子さまはこっそり私におっしゃいました。

「ぼく、お兄ちゃまになるんだよ」

重大な秘密を打ち明けるようなお口ぶりでした。というのも、その少し前に皇太子さまと私は「オーちゃんにはなんでも打ち明けて話すこと」という約束をしていたのです。幼稚園などで万が一つらいことなどがあれば、ご自分一人の胸にしまい込むことなく、せめて私にはぶつけていただきたい。そう思ってのお約束だったのですが、皇太子さまはさっそく、なによりも嬉しいニュースを私に伝えてくださったのです。

「それはよかったですね。おめでとうございます」

私が申し上げたときの皇太子さまの嬉しそうなお顔は、いまでも忘れられません。秋篠宮さまご誕生の瞬間のお言葉も、記憶にくっきりと刻み込まれています。

「オーちゃん、やっぱり男の子だったよ！」

嬉しそうに、ほんとうに嬉しそうにおっしゃったのです。

その日を境に〝お兄ちゃま〟になられた皇太子さまは、もちろん子供らしい無邪気さはそのままですが、言動の端々に「ぼくはお兄ちゃまなんだから」という自負心と責任感が見てとれるようになりました。

たとえば、女性週刊誌などにいまも時々掲載される有名な写真があります。御所の正面玄関で、顔をクシャクシャにして泣かれている秋篠宮さまを、皇太子さまが後ろから抱き締めていらっしゃる一枚です。

あれは、昭和四十二（一九六七）年五月九日、両陛下がブラジルとメキシコご訪問に出発されたときのことです。皇太子さまと秋篠宮さまは職員たちと一緒に御所の正門で両陛下をお見送りしたのですが、皇后さまがお車に乗り込まれたとき、秋篠宮さまは泣きながら後を追おうとされたのです。

無理もありません。当時、秋篠宮さまはまだ一歳半。なぜお母さまが自分たちを置いてお出掛けになってしまうのか、おわかりになるはずがありません。

しかし、火のついたような泣き声に、私たちがあわてて振り向くと、秋篠宮さまは後ろから皇太子さまに抱きすくめられていらっしゃったのです。そればかりか、皇太子さまは「泣いてはいけないよ」と秋篠宮さまをなだめるように見つめていらっしゃいます。

私はそれを見た瞬間、胸が熱いもので一杯になりました。

（ああ、皇太子さまはほんとうに〝お兄ちゃま〟になられた……）

かなうものなら、秋篠宮さまを抱き締めていらっしゃる皇太子さまごと、強く抱き締めて差し上げたい気持ちでした。

当時、皇太子さまは初等科の二年生に進級されたばかり。まだまだお母さまの温《ぬく》もりが恋しい年頃です。それなのに、皇太子さまは、ご自分の寂しさは包み隠されて、秋篠宮さまをなだめる側にまわられたのです。

まさに、兄君としての〝強さ〟でした。

廊下の二重唱

皇太子さまと秋篠宮さまは、お齢《とし》が五歳離れていらっしゃいます。これが二歳や三歳違いでしたら、それなりに兄弟喧嘩《げんか》もあったのでしょうが、五歳の差となれば喧嘩にはなりません。

むしろ、秋篠宮さまは、なにをおやりになるにつけても、兄君の真似をされていることが多かったのです。ライバル意識や反発ではなく、憧《あこが》れのような感情を抱いておられたのでしょう。

あるとき、皇太子さまは陛下からお叱りを受けて、廊下に立たされてしまいました。ご一家だけならいいのですが、その廊下は私たち侍従が執務する部屋ともつながっているので、人の行き来はしょっちゅうです。皇太子さまにとっても、お仕置きで立たされているのを見られるのは、恥ずかしくおつらかったのでしょう。陛下は、その羞《しゅう》恥《ち》心をうまくお使いになって、皇太子さまに反省を求められたのです。
しばらくすると、そこに秋篠宮さまがおいでになりました。廊下に立っていらっしゃる皇太子さまを見上げられて、キョトンとした表情を浮かべていらっしゃいます。これがお仕置きだとはおわかりにはならなかったでしょうが、侍従や職員の行き交う廊下にポツンと立っていらっしゃる兄君に同情されたのか、それとも無邪気に「ぼくもそうしよう」とお思いになったのか、秋篠宮さまは皇太子さまのお隣に並んで立たれたのです。

ご兄弟が並んで立っていらっしゃるお姿を、われわれ侍従は見て見ぬふりをしながら、廊下を行き来しました。ほほえましさに、つい笑みがこぼれてしまいそうですが、これはお仕置きなのですから……。

やがて、皇太子さまは、このままでは格好が悪いと思われたのか、立ったまま歌を歌い始められました。これなら秋篠宮さまと一緒に遊んでいるように見える、と考えられたのかもしれません。

突然大きな声で歌い出した兄君を追いかけるように、秋篠宮さまも、たどたどしい歌い方で後につづかれました。廊下で二重唱が始まったのです。

このご様子をご覧になっていた皇后さまは、苦笑まじりにおっしゃいました。

「あれでは、叱られたことを忘れてしまっているでしょうね」

廊下に響き渡ったご兄弟の二重唱は、いつまでも私の耳に残っていました。その歌声を思い出すたびに、私は、

(兄弟がひとつ屋根の下で暮らすというのは、ほんとうにいいことだな)

と、今上天皇のご英断にあらためて敬意を表したのでした。

陛下は、常陸宮《ひたちのみや》さまをはじめとするごきょうだいとは、別々の場所でお育ちになっていらっしゃいます。直接お口に出されたことはありませんが、おそらく、ご幼少の頃はずいぶんお寂しい思いを抱かれたことだと思います。そのご経験から、陛下は皇太子さまと秋篠宮さまと紀宮さまのごきょうだいを同じ東宮御所でお育てになったのでしょう。

ひょっとしたら、廊下から漏れ聞こえる二重唱の歌声を誰よりも嬉《うれ》しくお思いになっていたのは、陛下だったのかもしれません。

アーヤは泣いてもいいんだよね?

陛下は、ご幼少の頃のお寂しい思いを、決して殿下には味わわせまいとな

さっていました。

その好例が東宮御所の設計です。皇后さまが皇太子さまをご懐妊なさる以前から、東宮御所の建築が進められていました。東宮侍従の一人だった私は、設計を担当される谷口吉郎《たにぐちよしろう》東京工大教授に御所の生活をご説明したり、両陛下のお考えを谷口先生にお伝えしたりする役目を仰せつかっていました。

御所は公的な場所でもあるので、内外の貴顕《きけん》をお招きするための設備や機能を完備しておくことは言わずもがなですが、私がなによりも強調して谷口先生にお伝えしたのは、御所は宮さま方がお育ちになる場でもある、ということでした。

皇太子さまがお生まれになる一ヵ月ほど前には、両陛下が自ら谷口先生に室内装飾についての希望をおっしゃいました。特に皇后さまは、ご出産間近にもかかわらず、いや、だからこそ、皇太子さまがお過ごしになる部屋については熱心にご説明なさっていました。

それまでの皇室では、乳人《めのと》制が当然のことのように思われていました。つまり、習わしどおりにいけば、皇后さまはほとんど皇太子さまをお育てになることはないのです。ところが、両陛下はその方法をおとりにならず、同じ屋根の下で、あくまでも可能なかぎりお二人の手でというご方針で、皇太子さまはじめ宮さまをお育てになることを決められたのです。

私にご養育掛りを下命されたのも、ひとつには、両陛下のおそばにいてお二人の子育てに対するお考え方をある程度は理解しているということがあったのでしょう。そのご信頼を裏切ってはならない、と私も精一杯に皇太子さまにお仕えいたしました。

しかし、秋篠宮さまがお生まれになってからの皇太子さまのご成長ぶりを拝見していると、

(私の申し上げる百万言よりも、まだお言葉も覚えていらっしゃらない弟君の存在のほうが、宮さまを大人にしていかれるようだ)

と思わずにはいられませんでした。

こんなこともありました。私は常日頃から皇太子さまに、

「男の子は泣くものではありません」

と申し上げつづけてきました。その頃の皇太子さまはお優しいご性格が時として気弱なご発言や涙につながってしまうことがありました。そのため、私は、皇太子さまがお泣きになるたびに、あえて強い口調でお叱りしていたのですが……。

ある日、ベビーベッドの中で元気な泣き声をあげておられる秋篠宮さまをご覧になった皇太子さまは、まるで秋篠宮さまをかばわれるように私におっしゃったのです。

「アーヤは泣いてもいいんだよね？」

皇太子さまは、私が、泣き声をあげられる秋篠宮さまを「男の子は泣くものではありません」とお叱りするのではないかと心配され、先回りしてかばわれたのです。

私は苦笑まじりに「もちろんですとも」とお答えし、あらためて、皇太子さまの兄君としての健やかなご成長ぶりに感心したのでした。

ご兄弟の個性

秋篠宮さまと紀子さまのご結婚は、ほんとうに衝撃的でした。平成元（一九八九）年九月十二日、突然のご婚約発表、しかも秋篠宮さまは満二十四歳のお誕生日を二カ月後に控えておられ、紀子さまは満二十三歳になられたばかり。さらに、ご婚約発表の二週間後には、秋篠宮さまは英国留学にご出発……。

一部からは「お二人とも若すぎるのでは」「昭和天皇の服喪中のご婚約発表はいかがなものか」という声もあがってはいましたが、いかにも若々しさあふれるおふた方のご婚約は、瞬く間に大フィーバーとなりました。あの頃の〝紀子さまブーム〟は、突然だったぶん、ある意味では準備万端整っていた〝雅子さまブーム〟をも凌《しの》ぐものがあったように記憶しています。

私はその知らせを聞いた瞬間、

（いかにも秋篠宮さまらしいなあ……）

と、幼い頃の宮さまのお姿を思い浮かべていました。慎重派の兄君と自由奔放な弟君という少年時代の個性の違いは、ご結婚に際しても現れていたのです。

同じご両親から生まれても、兄弟には個性というものがあります。皇太子さまと秋篠宮さまの場合も、その例外ではありません。繊細な感受性と優しさにかんしては、お二人とも両陛下から公平に受け継がれたようですが、それでも同じ場面に遭遇されたときのお二人のご反応の違いを眺めていると、皇太子さまには皇太子さまの、秋篠宮さまには秋篠宮さまの、個性としかお呼びしようのないものがあることを感じるのです。

たとえば、幼稚園や学校に初めて入られたときに、お二人の個性の違いはくっきりと浮かび上がってきます。

皇太子さまは、お友達の集団に入っていく前に、まず様子をご覧になるといったところがあります。慎重派とお呼びすることもできるでしょう。

対照的に、秋篠宮さまには、物おじなさるということがありません。お友達の集団にもすーっとお入りになって、たちまち意気投合です。積極果敢なタイプということになるでしょう。

私は秋篠宮さまが六歳の頃に東宮侍従の職を解いていただいていますので、秋篠宮さまとの思い出は決して多くはありません。それでも、記憶に残っている秋篠宮さまのお姿は、常に〝積極果敢〟〝自由奔放〟というイメージで彩られているのです。

秋篠宮さまはナマズのご研究をつづけていらっしゃいますが、ご幼少の頃からほんとうに動物がお好きでした。

夏休みにご一家で軽井《かるい》沢《ざわ》に滞在されたときにはよく近くの農家をご訪問されるのですが、秋篠宮さまは、ヤギやウシ、ブタなどの家畜に平気で近づいていかれ、頭を撫《な》でたり抱き上げられたりなさるのです。こちらは動物たちが暴れたときのことを思って気が気ではないのですが、秋篠宮さまはこちらの心配をよそに、動物たちとのスキンシップをいつまでも楽しまれていました。

もっとも、スキンシップの相手が家畜であるうちはまだよかったのですが、秋篠宮さまはヘビやトカゲまでお気に入りでした。動物好きが高じられて、とうとう御所で青大将までお飼いになられたときには、さすがに閉口しました。私はヘビが大の苦手なのです。

しかも、秋篠宮さまは、わざとヘビの尻尾《しっぽ》を持って「ほら、浜尾さん、ヘビだよ！」と目の前に突き出すようなイタズラをなさるのです。動物好きのご性格が、これほど恨めしかったことはありません。

それでも、天衣無縫とも呼ぶべき秋篠宮さまは、兄君の皇太子さまに対しては、ご幼少の頃からずっと深い敬愛の念を抱きつづけていらっしゃいました。考えてみれば、秋篠宮さまが動物をお好きになられたのも、皇太子さまが折りにふれてご自分の動物図鑑を開いて、秋篠宮さまに説明しておあげになったことと無関係ではないでしょう。弟君は兄君をお慕いし、兄君はご自分と対照的なご性格の弟君から新鮮な刺激を受け取られていく……。

おそらく、それはお互いに成人されたいまも変わらないでしょう。新世代の皇室をお互いに啓発しあいながら築き上げていかれる、そんなお二人の姿がいまから目に浮かんできます。

二人でサーヤのおうちを……

紀宮さまがお生まれになったのは、昭和四十四（一九六九）年四月十八日です。皇太子さまは九歳で初等科四年生、秋篠宮さまは三歳でした。

ご誕生は夜の八時半でしたので、皇太子さまと秋篠宮さまが紀宮さまと初めてご対面されたのは、翌十九日のことでした。

宮内庁病院の新生児室でのご対面を終えて出てこられたお二人に、私はご感想をうかがってみました。

「赤ちゃんは、いかがでしたか？」

すると、秋篠宮さまは、

「ぼくの弟みたい」

とおっしゃるのです。

「弟ではなく妹でございましょう」

「だって、リボンをしていないもん」

これには大笑いでした。秋篠宮さまは、絵本かなにかでご覧になったのか、女の子は必ずリボンをするものだと思い込んでいらっしゃったのです。

お二人にとっては初めての女のごきょうだい、そして長らく〝末っ子〟だった秋篠宮さまは晴れて〝お兄ちゃま〟になられたということで、嬉《うれ》しさもひとしおだったようです。御所にお戻りになった紀宮さまのベビーベッドに、お二人で相談されて赤いリボンを結んでいらしたこともありました。これは、ひょっとしたら秋篠宮さまのご発案だったのかもしれません。

秋篠宮さまには、こんなエピソードもあります。

紀宮さまがお生まれになった年の夏、例年のようにご一家が軽井沢に避暑に出掛けられたときのことです。

ご滞在中、皇后さまのお友達の訪問がありました。応接間でのご歓談となったのですが、話題の中心は紀宮さまです。お客さまは紀宮さまを抱いてあやしながら、皇后さまとのお話に花を咲かせていらっしゃいました。

すると、秋篠宮さまが、そのお客さまの横にお立ちになりました。ふだんはお客さまがいらっしゃっているときには庭で遊ばれる秋篠宮さまが、その日にかぎって、部屋から出ていこうとされないのです。なにか言いたそうなお顔で、お客さまと紀宮さまを何度も見比べていた秋篠宮さまは、ついにこらえきれなくなったように、お客さまにおっしゃいました。

「サーヤを持っていかないで！」

どうやら、秋篠宮さまは、紀宮さまがお客さまに連れていかれるのではないかと、ずっと心配していらっしゃったようなのです。

また、こんなこともありました。これは私が直接見聞きしたものではないのですが、紀宮さまがおやすみになっているベビーベッドのまわりで、兄君二人がひそひそ話をされていたそうです。たまたま近くにいた女官が、そのお話を聞くともなく耳にしていたのです。

皇太子さまは、秋篠宮さまにこうおっしゃったそうです。

「サーヤは、ぼくたちと一緒に住めなくなるかもしれないよ」

おそらく、これは、紀宮さまはお嫁に行かれるという意味なのでしょう。

そして、皇太子さまは、つづけてこんなことを口にされたのです。

「二人で、庭におうちを建ててやろうね」

なんともほほえましいお話です。

皇太子さまも、秋篠宮さまも、それぞれ紀宮さまの〝ナイト〟役をもって任じていらっしゃるようでした。

子供を持つ親の理想として、よく『一姫二太郎』ということが言われます。最初に女の子が生まれ、次に男の子が生まれるというのが正しい意味のようですが、俗に、女の子一人と男の子二人の組み合わせということも言われています。

私は、天皇ご一家にかんしては、俗説のほうを支持したい気分です。もちろん、ごきょうだいの仲のよさを育まれたのは両陛下のわけへだてない愛情の注がれ方だった、ということは言うまでもありませんが……。

さて、秋篠宮さまは、平成二（一九九〇）年六月二十九日、紀子さまとご結婚され、平成三（一九九一）年十月二十三日には、両陛下にとって初のお孫さんとなる眞子《まこ》さまもお生まれになりました。

そして、いままさに皇太子さまのご結婚――。

紀宮さまも、満二十四歳になられました。そろそろご結婚のお話が出てきても不思議ではないお年頃ですし、事実、早くも一部マスコミは紀宮さまのご結婚問題を幾度となく記事にしています。

（マスコミの方々には、どうぞ静かに見守って差し上げていただきたい）

というのが、私の本音です。

おそらく、紀宮さまの〝ナイト〟であられたお二人の兄君も、そうお考えになっていらっしゃるはずです。

どうぞ、静かに、節度を持って。

何度も申し上げているとおり、皇族はタレントではないのですから……。

第七章　両陛下のご教育

階段が怖かった陛下

皇太子殿下のご結婚問題が、特にお妃《きさき》がなかなか決まらないということがマスコミをにぎわしている当時、しばしば言われたことが、「皇室は独特の世界だから」ということでした。

確かに、核家族のサラリーマン家庭の生活を〝普通〟だとすれば、皇室の生活は普通ではないことになります。逆に言えば、ある意味では皇室は普通であってはならない世界でもあるでしょう。

しかし、そのことが「だから皇族は普通の社会を知らない」という論調に転じてしまうのは、私には大いに不満でした。今上天皇皇后両陛下の、宮さま方に対するご教育やご配慮は、決して宮さま方を特別な存在としてとらえるためのものではありませんでした。むしろ正反対です。両陛下は、特にご公務のない少年時代には、なるべく皇太子殿下が〝普通〟の子供らしい生活を送れるようにしむけていらっしゃったのです。

そして、それは、陛下ご自身の少年時代のご体験に根差している部分がひじょうに多かったのです。

たとえば、殿下が学習院幼稚園に入られたとき、陛下は、あえて交通規制をおとりやめになられました。

陛下がご公務で御所の外にお出掛けになるときは、警視庁との連絡で、陛下のお車は赤信号で停まることのないようにしています。ノンストップで目的地に着くわけですから、所要時間のずれはありません。また、停車中に万が一のことが起きる危険も防げるわけです。

ところが、陛下は、殿下の通園に際してはノンストップ規制がないほうがいい、というお考えでした。交通ルールを知るということももちろんですが、それ以上に、赤信号で車が停まると、それだけ外の世界を眺める時間が増えます。沿道の商店、横断歩道を渡る人……。御所の中では決して見ることのできない人々のなりわいを、せめて赤信号の時間だけでも感じ取ってほしい。陛下は、そう願われたのです。

もっとも、赤信号があれば、通園の所要時間にも幅が出てきてしまいます。赤坂の東宮御所から目白《めじろ》の学習院までノンストップでいけば二十分の道程ですから、九時四十五分に登園するには九時二十五分に出ればいい計算です。ところが、殿下は九時には御所を出発されていました。単純に考えても時間が倍かかり、そのぶん朝の支度もあわただしくはなるのですが、陛下のお見立てどおり、信号待ちの時間は、朝の忙しさを補ってあまりあるプラスを殿下にお与えになったようでした。

車が赤信号で停まるたびに、殿下は窓の外を食い入るように見つめられました。ガラスにスモークをかけているので、車内の様子は外からうかがうことはできません。ふだんは常に見つめられる側にいらっしゃる殿下が、このときばかりは見つめる側に回って、まさかこの車に殿下がいらっしゃるとは思ってもいない通行人や商店の人々の自然な一挙手一投足を興味深そうにご覧になっていたのでした。

陛下には、そのような自由すらありませんでした。天皇が〝神〟だと思われていた時代に幼少期を過ごされたので、当然といえば当然でしょう。考えてみれば、民間の幼稚園に通われた皇族は、殿下が初めてでもありました。

ご両親である昭和天皇、皇太后さまとはご一緒にお暮らしになることなく、またごきょうだいとも別々の場所で育てられ、幼稚園にもお通いになることはありませんでした。陛下は、時代のためとはいえ、おそらくはお寂しい幼少期を過ごされたはずです。だからこそ、殿下には、可能なかぎり自由な日々を過ごせるようご配慮なさった……。私にはそう思えてなりません。

　また、それは、〝親〟なら誰もが思うことでもあるでしょう。陛下は昭和八（一九三三）年のお生まれです。俗な言い方をすれば昭和一ケタ世代ということになるでしょう。陛下と同世代の父親は、きっと、大なり小なり陛下と同じような姿勢で子供たちに接していたはずです。自分は貧しくて上の学校に進めなかったから子供には大学まで行かせてやりたい、自分の時代は白いご飯さえ満足に食べられなかったから子供には好きなものを腹一杯食べさせてやりたい……。それが、親ごころなのです。

　私には、いまでも忘れられない陛下のお言葉があります。陛下はあるときご自分の少年時代を回想されて、ぽつりと、こうおっしゃったのです。

「自分は初めて学習院に入ったとき、階段が怖かった」

　陛下は、ご幼少時代、ご自分一人で階段を上り下りされたことがなかった。子供らしく階段を転げ落ちるご経験もなかった。だから、初めてご自分の力だけで階段を上り下りするのが怖かった……。

　陛下は、ヨチヨチ歩きの殿下が階段を上り下りされるとき、決して手助けはされませんでした。

おさがりの学生服

もちろん、両陛下は、決して殿下を甘やかしておられたわけではありません。世の父親や母親が、自分が苦労したぶん、ともすれば子供に甘くなってしまうのに対して、両陛下は〝自由〟と〝甘え〟の区別は画然とつけていらっしゃいました。

好き嫌いをなくすこと、挨拶《あいさつ》がきちんとできること、自分のことは自分でやること……。この三つについては、両陛下は普通の両親のしつけ以上に気を配られていたようです。私なりに解釈すると、偏食をなくすことは強く健康な体をつくることに通じ、挨拶は公私のけじめの柱となり、自分のやるべきことを他人に頼らないというのは自立心につながっていくでしょう。これらは、どれも一人の人間として必要であることは言うまでもありませんが、それ以上に、殿下のお立場を考えると深い意味があることではないでしょうか。

よく〝帝王学〟という言葉が使われますが、私は両陛下のご教育をそんな言葉でお呼びしたくはありません。〝皇室教育〟という表現も少し違うと思っています。両陛下は、殿下に、親としてあたりまえのことをお教えになっているだけでした。一人の人間として恥ずかしくないように育てる。それが両陛下のご教育を貫く理念です。そこに物珍しさを感じてしまうことが、そもそもおかしいのではないでしょうか。

殿下はまだ学生でいらした頃から記者会見などできちんと敬語をお遣いになっていらっしゃいました。それをマスコミは「さすが皇室の厳しいご教育」というような口ぶりで報道します。しかし、小学生ならともかく、大学生になって敬語を遣うことは一人の人間として当然のことでしょう。殿下のお言葉遣いに驚き、感心する以前に、われわれ自身のことを反省すべきではないか、と私は思ってしまうのですが……。

両陛下は、また、殿下に質素倹約というものをお教えになりました。これは殿下が学習院初等科にお進みになってからのことですが、鉛筆の使い方について、両陛下はひとつのルールをお決めになっていました。ちょうど文字を覚える時期でしたので、鉛筆が常に正しく持てるようにしなければならない。そのためには、あまり短くなってしまった鉛筆を使うのは逆効果です。そこで、鉛筆が短くなってしまったら、皇后さまのところに持っていくように取り決められたのです。

ここには二つの大きな意味が含まれているように思えます。まず、ただやみくもに質素倹約ばかりを唱えている人なら、小さくなった鉛筆も最後まで使わせるでしょう。そうすれば確かに倹約にはなります。しかし、短い鉛筆を無理に使っているうちに正しい鉛筆の持ち方ができなくなってしまっては、まさに本末転倒です。とはいえ、新しい鉛筆をふんだんに用意して、いつでも自由に交換できるようにするというのも、あまり感心できません。その点で、両陛下のとられたルールは、実に理にかなったものでした。皇后さまが「ああ、これはもう短いわね」とご判断されてから新しい鉛筆をお渡しになるのでしたら、まだ十分に使えるうちから新しいものを欲しがることもありませんし、短くなった鉛筆を使って書き方におかしな癖がつくこともありません。両陛下のお考えになる質素倹約の精神は、ある意味では合理精神のたまものでもあったのです。

さらに、殿下は、初等科に入学されてしばらくのうちはお古の学生服を着て通学されていました。入学式こそ新調の学生服だったのですが、二日目からはお古に変えられたのです。

正直なところを申し上げまして、新品の学生服に身を包んだ同級生たちの中で、殿下の学生服はやや色あせているように私の目には映りました。しかし、殿下はそんなことなど意に介さず、それどころか誇らしげですらありました。

実は、その色あせた学生服は、陛下のおさがりだったのです。陛下が初等科にお入りになったときに着ていらした学生服を、ここまできちんと保存しておられたというのも驚きでした。なんといっても二十七年も昔の服なのですし、戦中・戦後しばらくの混乱の中、よほど丁寧に扱っていないととても着られはしなかったでしょう。

皇后さまは、深い笑みをたたえて、私におっしゃいました。

「百三十人もいる生徒の中で、お父さまのお古を着ている子供はいないでしょうね」

かつて父が袖《そで》を通した制服を、子供が着る。それは質素倹約の皇室のご伝統のなによりの証《あか》しであると同時に、父子の堅い絆《きずな》を私たちに教えてくださったのです。

さらに、これは私自身が一男四女の父親であるという体験を踏まえてお話しすれば、殿下がご自分が小学一年生だったときと同じ背格好だったというのは、父親である陛下にとってはなかなかお嬉《うれ》しいことだったのではないでしょうか。

昭和六十（一九八五）年、イギリス留学からお帰りになった殿下は、記者会見でお妃《きさき》像について尋ねられ、こんなことをおっしゃっています。

「身長、学歴、家柄などにはそれほどこだわりませんが、美しいものを美しいと感じられる、自分と価値観の同じ人が望ましいです。それに贅沢《ぜいたく》を避ける意味で、金銭感覚の同じ質素な人、ティファニーであれやこれや物を買うようでは困りますね」

私はそのお言葉をうかがったとき、小さな鉛筆の話やおさがりの学生服の話を思い出して、

(両陛下のご教育は、ちゃんと生きているんだなあ)

と、しみじみ感慨にふけったのでした。

幼稚園に行くの、やめようかな……

振り返ってみますと、当時の私は、若さゆえか気負いゆえか、いろいろと生意気なことも両陛下に申し上げていました。陛下の高校時代からおそばにお仕えし、また父親としては若干先輩にあたるということもあって、ときには両陛下のご教育方針に苦言を呈することすらありました。

殿下がまだ一歳か二歳の頃です。ある日の午後、珍しく早い時間にご公務から解放された両陛下は、御所の二階の居間で殿下を交えてののんびりとしたひとときを過ごされていました。私も同席させていただいていたのですが、ご両親がいらっしゃるのがよほどお嬉しかったのか、殿下のオイタが始まったのです。椅子を倒しては起こし、また倒しては起こし……それを何度も何度も繰り返されました。

私は表面上はつとめて冷静を装いながら、心の中では、両陛下がいつ殿下をたしなめられるかと待っていました。ところが、両陛下はニコニコと殿下を眺められたまま、いっこうにご注意を与えようとはされません。おそらくは、ご公務を無事終えられた解放感にひたっていらしたか、あるいは殿下に椅子を倒して起こすまでの力がついてきたのをお喜びになっていたのか……。

しかし、いずれにしても、居間の椅子を倒すというのは少しオイタがすぎます。

とうとう、私はたまりかねて殿下にお声をかけました。

「宮ちゃま、椅子を倒すのはいけません」

殿下は素直にオイタをおやめになりました。

私はそれを確かめてから、今度は両陛下のほうに向き直り、こんなことを申し上げました。

「お庭の椅子を倒すことは、場合によってお体を鍛える鍛練になるでしょう。しかし、居間の椅子でそれをなさるのは適当ではございません。けじめをつけて、その場でおっしゃられたほうがいいと思います」

言葉は丁寧なものを選んだつもりですが、両陛下のとられた態度に注文をつけていることは確かです。侍従という立場とすれば出すぎた行為だということもわかっています。しかし、私は両陛下から殿下のご養育掛りをご下命いただいた身でもあります。叱責《しっせき》は覚悟しながらも、殿下のご教育のために、あえて申し上げたのです。

これで、もし両陛下が不愉快になられたら、取り返しのつかないようなことでした。

ところが、両陛下は私の言葉に深くうなずかれました。

「これから、そうしましょう」

両陛下はなんでも「よきにはからえ」で他人にお任せになるタイプではなく、むしろ、ご自分たちのお考えを積極的に推し進めていかれるタイプですが、それは決して他人の言葉に耳を貸さないということではありませんでした。こちらが誠意を持ってお話しし、両陛下にとっても納得のいくものであれば、素直に受け入れる。信念とともに、そういう柔軟性をも持ち合わせていらっしゃるのです。

私にしても、もしもこうした両陛下のお人柄がなかったとしたら、とても殿下のご養育掛りなどはつとまらなかったでしょう。

あるとき、私が少しきつい態度で殿下のオイタをお咎《とが》めしていたら、突然殿下が大声をあげて泣き出されました。子供の泣き声ですから、かなり遠くまで響き渡ります。

(これはまいったな……)

と内心ではうろたえながら、もちろんお叱りしている最中ですから、あわてたそぶりはお見せするわけにはいきません。

そうこうしているうちに、両陛下が、なにごとかと心配して駆けつけてこられました。

（やはり事情はご説明したほうがいいだろう）

そう思って口を開きかけたときでした。

皇后さまが殿下におっしゃったのです。

「ナルちゃん、どうして浜尾さんの言うことを聞かないの？」

皇后さまは、そしてもちろん陛下も、私と殿下が向き合っている光景を一目ごらんになっただけで、ピンとこられたのです。

しかも、子供に甘いだけの母親でしたら、こんなときには無意識のうちに「泣かせたら困るじゃないの」と私を責める言葉がでてきても不思議はありません。ところが、皇后さまはそんなことは一言もおっしゃらずに、まず殿下をたしなめられたのです。

殿下が大声で泣き出された事情については、その後しばらくたってからご説明しました。それも、両陛下は私を別室にお呼びになって、説明をお求めになったのです。殿下の前では私を立てておいてくださる、という心遣いでした。

もしも、殿下の目の前で両陛下から「浜尾さん、それは困ります」というお言葉をしばしばぶつけられていたとしたら、殿下は私の言葉を本気ではお聞きにならなくなるでしょう。浜尾の言うことは正しい。両陛下は意識的にそういう決まりをつくってくださったのです。

「オーちゃんの言うとおりにしなさい」

両陛下が幾度となく殿下におっしゃったそのお声が、いまでも私の耳からは離れません。光栄なことであると同時に、わが身を正す思いで、いまも時折思い出してみるのです。

(殿下をきつくお叱りしていながら自分自身は駄目、では通じないぞ……)

考えてみれば、殿下のご養育掛りを拝命したということは、私自身の倫理観や正義観をも問われることだったのでしょう。教育することは、また教育されることでもあるのです。職を解いていただいてからも、そして殿下がご立派に成長されてからも、少なくとも私自身はまだまだ教育を受けている途上のようです。

ひとつだけ、自戒の念をこめて、失敗談をお話ししておきます。

幼稚園にお入りになるということは、殿下にとって心ときめくことではあったでしょうが、心の奥には不安もおありになったはずです。幼稚園は集団生活ですが、殿下はいままで近所のお友達と遊び回るような経験をまったくお持ちになっていないのですから。

それでも、殿下は幼稚園入園の日を指折り数えて待っていらっしゃいました。

（ありがたい。もしも『行きたくない』と駄々をおこねになったら大弱りのところだからな）

私はそう思って、ここからが問題なのですが、お叱りするときにしばしば幼稚園のせいにするようになったのです。

「こんなことをなさっていると、幼稚園に行けませんよ」「こんなオイタをされるようでは幼稚園に行けませんよ」のように。

心の半分では、殿下が幼稚園に入るのを楽しみにしていらっしゃるのを利用する気持ちがありました。残り半分は、集団生活が初めての殿下だけに、少しでも入園前におしつけを厳しくしておこうという思いでした。

ですが、やはり、私のとった方法はよくありませんでした。

あれほど幼稚園入園を心待ちにしていらっしゃった殿下が、ある日、ぽつりとおっしゃったのです。

「……ぼく、幼稚園に行くの、やめようかな……」

幸いそれは一度だけのつぶやきで、入園式には元気一杯でお出掛けになったのですが、あのときの殿下の寂しそうなお顔を思い出すたびに申し訳なく、苦いものが胸につかえてしまいます。

殿下は背番号3のユニフォーム

世間に流れている皇室に対する誤った見方のひとつに、「皇室は社会の動きをまったく知らされていない」ということがあります。これはおそらく、太平洋戦争以降は皇室は政治に関与しないようになったということを拡大しすぎているせいでしょう。

実際には、ご一家は新聞やテレビも普通どおりにご覧になります。新聞の下段に掲載されている週刊誌の広告にも目を通されるので、皇太子妃問題では、興味本位の見出しの数々に、さぞや複雑な思いを抱かれていたことでしょう……。

テレビは、殿下や秋篠宮さまはアニメがお好きで、『鉄腕《てつわん》アトム』『鉄人《てつじん》28号』などをよくご覧になっていました。一方、陛下はドキュメンタリー中心です。

ただし、警備の問題もあって、なかなか映画館で映画をご覧いただくわけにはいきません。そのため、御所ではときどきフィルムを借りてきて映画会が開かれるのですが、フィルムを選ぶわれわれ侍従が陛下のご興味のありそうな科学映画やドキュメンタリー映画ばかりを持ってくるので、とりわけ独身時代は大の映画好きでいらした皇后さまにはちょっぴりご不満だったでしょう。

「浜尾さん、たまには俳優さんの出る映画も観たいですね」

そんなふうに苦笑まじりにドラマをリクエストなさったこともあります。確か、次回の映画会では、松山善三《まつやまぜんぞう》監督の『名もなく貧しく美しく』のフィルムを用意したはずです。

もっとも、陛下もお若い頃は映画が大好きで、大学時代には『ローマの休日』に刺激を受けて、二人のご学友とお忍びで銀座《ぎんざ》にお出掛けになったこともあります。同行したご学友二人は翌日東宮大夫から「万が一のことがあったらどうするのだ」とこっぴどく叱られてしまったそうですが、これも陛下には青春のよき思い出となったでしょう。

また、陛下版『ローマの休日』ほどではないにしても、幼い頃の殿下にも大冒険の経験はあります。昭和四十二（一九六七）年五月十四日、小学二年生に進級されたばかりの殿下は、生まれて初めてデパートで買い物をされたのです。

その日、殿下は文具売り場で学用品をお買いになってから書籍売り場に移られました。

（殿下はどんな本をお買いになるのだろう……）

と私が見つめていると、殿下は棚の一点を指さして、嬉《うれ》しそうに声をあげられました。

「あっ、『怪獣事典』があった！」

棚まで小走りに進まれて、ためらうことなく『怪獣事典』を一冊抜き取られたのです。

翌日、学校に向かいながら、殿下は『怪獣事典』を買ったことを同級生たちに話すんだと楽しみにしておられました。

ところが、残念ながら同級生たちは殿下が報告されるよりも早く、そのことを知っていたそうです。それはそうでしょう。殿下の初めての買い物の様子は、テレビや新聞で全国に報道されたのですから。

せっかくのビッグ・ニュースも、先に知られていたのでは効果も半減です。その日の帰り道、拍子抜けした様子の殿下は、少々おかわいそうでもありました。

それにしても、だいたいこの時期あたりから、殿下はどんどんお友達との世界を広げていかれました。『怪獣事典』のことも同級生たちから聞いておられたのでしょう。また、当時の流行語の「やったぜ、ベイビー！」を突然口にされて、両陛下が目をパチクリなさったこともあります。

さらに……殿下が野球に興味を示すようになられたのも、ちょうどこの頃のことでした。

それまで、殿下は、水泳、乗馬、登山などのスポーツをやっていらっしゃいましたが、なにぶんにも御所の中では団体スポーツはできません。野球への興味も、小学校にお通いにならなければ出てくることはなかったでしょう。

当時、プロ野球は、読売ジャイアンツの長嶋茂雄《ながしましげお》選手の全盛期で、男の子なら誰もが長嶋に憧《あこが》れていると言っても過言ではないくらいでした。

それを敏感に察せられた陛下は、さりげなくおっしゃいました。

「ナルちゃんも、やってみますか？」

もちろん殿下は大喜びです。

さっそく御所でのキャッチボールが始まりました。お相手は陛下、陛下がご公務でお忙しいときにはわれわれ侍従です。

陛下が野球をお勧めになったのは、チーム・プレイの大切さを野球を通じて感じ取ってほしい、という思いからでした。陛下は学習院時代は馬術部の主将として活躍され、殿下の乗馬の手ほどきも陛下自らなさいました。また、水泳は学習院が伝統的に力を入れているスポーツです。さらに、登山は、足腰が強くなるように、という陛下のご希望から始められたものです。これら三つのスポーツも、それぞれ精神と肉体の鍛練には大いに役立っていましたが、チーム・プレイを学ぶには、やはり野球には及びません。

だからこそ、キャッチボールにだいぶ慣れてこられると、いよいよ実戦に入りたいところなのですが、野球の試合をするには十八人の選手が必要です。それは現実的に考えても無理があるので、とりあえず日曜日ごとにお友達二、三人に御所に遊びにきてもらい、残りは侍従が補う格好で、三角ベースをお楽しみいただくようになりました。

子供というのは、夢中になればなるほどスタイルを本格的にしたくなるものです。日曜日に御所に遊びにきてくれるお友達も、小学四年生くらいになるとユニフォームを着るようになりました。

「ぼくもユニフォームが欲しい」

殿下が皇后さまにおねだりをされたのも当然です。

しかし、そのとき、皇后さまはすぐにはユニフォームをお買い与えになりませんでした。

「この次のクリスマスまで待ちましょうね」

クリスマスまではあと二、三カ月。小学四年生といえば、まだ九歳です。九歳の少年に欲しいものを三カ月もがまんしろと言うのは、ある面ではかわいそうなことかもしれません。ですが、皇后さまは、ねだってすぐに買っていただく喜びよりも、楽しみに待ってから買っていただく喜びのほうを、殿下に与えようとなさったのです。

　そして、三カ月後。

　皇后さまは、お約束どおり、真新しいユニフォームを殿下にプレゼントされました。

　殿下は喜色満面でユニフォームに袖《そで》を通されます。

　背番号は、3。

　言うまでもなく、ジャイアンツの長嶋選手にちなんだものです。

　皇后さまが選ばれたのでしょうか、それとも陛下のご発案だったのでしょうか、いずれにしても心憎いばかりの親ごころでした。

まず、〝普通〟から始める

　こうして両陛下のご教育についての思い出をふりかえってみますと、またこの章の最初の言葉に戻っていってしまいますが、皇室は〝特別〟な世界であるからこそ、〝普通〟を大切になさった両陛下のお心をあらためて実感します。

事実、昭和三十九（一九六四）年、殿下の四歳の誕生日に際して、皇后さまはこうおっしゃっています。

「静かに、すこやかに育てたいということです。一般となんら変わらない普通のものを身につけた上で、皇室にふさわしい特殊なものも自然と備わるようにしていきたいと思います」

また、秋篠宮さまがお生まれになり、私が秋篠宮さまのご養育掛りも兼ねるようにというお話があった際には、両陛下は口を揃えておっしゃいました。

「ナルちゃんとアーヤは、将来は立場が違ってきます。でも、いまは、しつけも教育もまったく同じにしてください」

これも、まだ幼いうちは二人の宮さまを〝普通〟の兄弟として育てようというお考えの現れでしょう。

もちろん、宮さま方がご成長されると、立場の違いというものはおのずから出てきます。皇后さまもそれを十分におわかりだからこそ、ご成人後の殿下についてお話しになるときには敬語を遣っていらっしゃいます。一般の感覚では少し不自然な言葉遣いかもしれませんが、殿下は皇位継承順位第一位のお方です。わが子であって、わが子ではない――。皇后さまは、そのけじめをきちんとおつけになっていらっしゃるのです。そして、だからこそ、幼い頃はあえて〝普通〟を強調されたのです。〝普通〟の……言い換えれば、一人の人間としての殿下のご教育。私も、その一端を担わさせていただいたことになります。

いったいどこまで両陛下のご期待に添えることができたか、はなはだ心もとないかぎりです。しかし、ご成人されてからの殿下のご発言やご行動を、あるときは直接お目にかかって、あるときはマスコミの報道を通じて拝見するにつけても、両陛下のご教育のご方針が間違っていなかったんだとつくづく思います。

新聞記者のインタビューにお答えになる殿下のお言葉の隙間を縫うように、私にはこんなお声が聞こえてくるのです。

「オーちゃん、ぼくは一人の人間として立派にやっているよ！」

オイタをされていた頃の、透き通った甲高い声で。

第八章　皇室に嫁がれることとは……

雅子さまへの提言

この章は、若干辛口の意見を申し上げることから始めなければなりません。

今年一月十九日におこなわれた皇太子殿下と雅子さまのご婚約会見のことです。私はその模様を自宅のテレビで妻と拝見していました。会見に臨まれる殿下のお姿は、ご婚約決定のお喜びと同時に、これから雅子さまを守ろうという凛《りん》とした決意がみなぎっておられました。また、雅子さまも、これは女性週刊誌やワイドショーが微に入り細を穿《うが》って報道したとおり、実にお美しかった。私はテレビの画面を感慨とともに見つめながら、心の中でお二人に何度も「おめでとうございます」を申し上げました。

しかし、その一方で、幾度か首をかしげてしまったことも、また確かでした。

まず、殿下のご発言です。殿下は、ややもすればタレント並に扱おうとする記者団の興味本位の質問に対しても、誠実そのものの態度でお答えになりました。特に、雅

子さまの母方の祖父がチッソの会長をつとめていたことにかんしては、かなり言葉を費やしてお話しになっていました。私などは、

（殿下がそこまでおっしゃらなくてもいいんじゃないか。侍従があとでフォローすればいいことなのに……）

と少々ハラハラしながらお言葉を聞いていたのですが、しかしこれが殿下の真面目など性格の現れなのでしょう。

ただ、雅子さまにかんしては、正直なところ、

（少しお話しなさりすぎではないか）

という感想を抱いてしまいました。皇室会議でご婚約が正式に決まったとはいえ、一般でいう結納にあたる納采《のうさい》の儀もまだすんでいない段階です。さらに、お隣に殿下がいらっしゃるのですから、もう少しお言葉の数を減らされてもよかったのではないでしょうか。

また、私がひっかかったのは、

「私の言葉で言わせていただければ」

というお言葉です。これは少し強すぎる言い方だと思います。さらに、

「殿下は人間的にできたお方」

という言い方は、ある意味では殿下に対して失礼でしょう。

雅子さまが人もうらやむエリートコースを歩まれたとびきりの才媛《さいえん》だということは、もちろん認めています。外務省で仕事をこなすには、ご自分の意見をきちんと言わねばならないということもわかっているつもりです。

しかし、だからこそ、あの場の雅子さまにはもう少しのご配慮が欲しかったと思うのです。比較するわけではありませんが、秋篠宮さまのご婚約会見のときの紀子さまの控えめな態度には、私以外にも好感を持たれた方は多かったようです。

また、皇后さまも、常に陛下をたてるということをお忘れにならないお方です。あるとき、皇后さまがご旅行中に陛下にお手をひいていただいているお写真が週刊誌に掲載されたことがあります。おそばの者がそのことをお伝えして、仲睦《なかむつ》まじいご夫婦のお姿に感動したことを申し上げると、皇后さまは古い浪曲の一節をもじって、笑顔でこうおっしゃったのです。

「『夫は妻をいたわりつつ、妻は夫を慕いつつ』……です」

さらに昭和五十九（一九八四）年、ご結婚二十五周年の記者会見で、記者団が両陛下に「お互いに点数をおつけになると何点ですか？」と尋ねたとき、陛下は皇后さまに点数ではなく〝努力賞〟をお与えになりました。そして、皇后さまは……。

「殿下（当時）のお導きがなかったら、私はなにもできませんでした。また東宮さまのご指示とお手本がなかったら、どうして子供を育てていいのかもわかりませんでした。私も、もし差し上げるとしたら、お点ではなく感謝状を」

そう、常に陛下への感謝のお気持ちを忘れずにいらっしゃる、そんな皇后さまのお姿に、われわれは深い敬愛の念を抱くのです。

その意味では、先のご婚約記者会見での雅子さまのお言葉、

「私がもし殿下のお力になれるのであれば、謹んでお受けしたいと存じます」

という言い方は、皇太子と皇太子妃の関係をもう少しお考えになれば、別の表現になったはずだろうと思い、また別の表現をお遣いになるべきではなかったか、と思うのです。

もうひとつだけ、辛口ついでに申し上げます。

これはご婚約記者会見のときだったかどうかは失念いたしましたが、殿下と雅子さまがお揃いで車を降りて建物の中に向かわれる途中、お車の到着を待ちかまえていた取材陣が、お二人にこっちを向いていただくようお願いしました。お二人は車寄せのところでお立ち止まりになり、カメラに向かって会釈をなさいました。そこまではいいのです。

ところが、撮影が終わったあと、雅子さまはさっさと先にたって建物の中にお入りになった。あれはいかがなものでしょうか。レディ・ファーストの国で少女時代をお過ごしになられたせいかもしれませんが、やはりああした場合は、雅子さまは殿下の一歩か二歩斜め後ろを歩かれるべきでしょう。

もちろん、私は雅子さまを責めるつもりは毛頭ありません。私は、むしろ宮内庁、特に東宮職の最高責任者である東宮大夫や東宮侍従長といった方が怠慢ではなかったのか、と申し上げたいのです。

いくら雅子さまが才媛だとはいえ、またご両親からしっかりとしたしつけをお受けになっているとはいえ、宮中での礼儀作法には独特のものがあります。ある面では、才媛であればあるほど、欧米滞在のご経験を生かしたしつけを受けていればいらっしゃるほど、戸惑われることは多いはずなのです。

そんなとき、なぜ侍従が前もって雅子さまに申し上げないのか。「殿下より前はお歩きにならないでください」と、それだけでいいのです。ご聡明《そうめい》な雅子さまなら、すぐにおわかりになるでしょう。

ご婚約の記者会見のときに私が感じたのは、むろん、雅子さまの不手際ではありません。

（宮内庁は、いったいなにをやっているのだろう）

という、私自身のかつての職場に対する不満だったのです。

皇后さまの〝挫折〟

超一流のキャリアウーマンである雅子さまが皇太子妃となられることで、特に女性誌では、雅子さまの積極性を評価する記事が多く見受けられます。いま私が申し上げた苦言など、おそらく「そんなことを言う時代遅れの年寄りがいるから駄目なんだ」ということになってしまうことでしょう。

しかし、私は、東宮職員として皇后さまのご苦労をつぶさに見てきました。皇后さまも雅子さまと同様、民間のご出身です。だからこそそのご苦労も、いろいろありました。

そもそも、今上天皇と皇后さまの新生活は、ご結婚のいきさつからして波乱含みのスタートでした。入江《いりえ》相政《すけまさ》元侍従長の『入江相政日記』にも、皇太子殿下〔現上皇陛下〕と美智子さまのご結婚に反対した一部の方が〝愛国団体〟を動かそうとしたことや、ご結婚の儀を一ヵ月後に控えた段階になって皇后〔香淳《こうじゅん》皇后〕さまが、ご結婚の馬車が六頭立てというのは納得できないと憤慨されていたことが書いてあります。昭和天皇と皇太后さまのご結婚のときは、四頭立ての馬車だったのです。

そんな皇室内の不協和音は、昭和三十四（一九五九）年のご結婚から一年たってもつづき、外電が美智子さまと一部の皇族との不和説をニュースとして流したほどでした。

ここまでの説明ですと、「マスコミは常に美智子さまの味方だったではないか」という反論が出てくるかもしれません。ですが、私は、マスコミの報道も実は皇后さまを苦しめていたのではないかと思っています。特に女性誌を中心に、憶測で書かれた記事があまりにも多いのです。また、ご発言の微妙なニュアンスを斟酌《しんしゃく》せずに掲載したり、ひどいときには「だと思います」が「です」という断定の口調に変えられたり……。

われわれ一般の人間なら、事実誤認の記事が出たときには訂正や謝罪文の掲載を申し入れることもできます。しかし、皇后さまにはそれはできない。ご自分の行動や言葉が曲解されて伝わってしまうというのは、ずいぶんおつらかっただろうと思います。皇后さまの味方を自任しているマスコミが、逆に皇室内の不協和音を助長してしまった部分も少なくないわけです。

皇后さまは、聖心女子学院で〃プレジデント〃と呼ばれる全学委員長をつとめられたり、読売新聞の公募作文コンテストでは四千百八十五編の応募原稿の中から堂々二位に入選されるなど、聡明さと積極性を兼ね備えておられました。仮に民間の世界でのお嫁入りとなれば、まさに申しぶんのないお方です。どこからも文句の出てきようがありません。

しかし、皇室においては、どうしても民間のご出身ということがネックとなってしまいます。われわれ周囲でお仕えする人間が感じるだけならいいのですが、皇族の皆さまがお集まりになるときなどには、時として皇后さまが直接皮肉をぶつけられてしまうことも少なくありませんでした。ひどいものには「民間出身のくせにどうしてお断りにならなかったのか」という言葉まで……。

さらに、皇族の確執は、そのままお仕えする侍従や女官どうしの鞘《さや》当《あ》てにもつながります。

たとえば、皇后さまが皇太后さまのお好きな料理を作ってさしあげようとして、侍従を通じて、皇太后さまのお好きなものをうかがったとき、皇太后さまの侍従はわざと皇太后さまの嫌いなカボチャを挙げたのです。皇后さまの侍従はそんなことは露とも知らず、それを皇后さまにお伝えする。皇后さまは心をこめてパンプキン・ケーキをお作りになりましたが、もちろん、皇太后さまのお気に召すはずがありません。このときは、幸い事前に皇太后さまのお好みを知っている方が「このケーキは差し上げないほうがいいです」と申し上げたのでことなきを得たのですが、そんな例はたくさんあります。

やはり、われわれ侍従のように狭い世界に生きている人間は、いろいろと人間関係が複雑になり、また狭量な考え方を育《はぐく》んでしまうようです。私自身、亡くなったご主人が実業界で活躍したエリートであることがなによりのご自慢である女官から、

「うちの主人は男の中の男でしたわ。それに比べると、侍従なんてつまらない仕事ね」

と面と向かって言われたこともあります。あのときには、怒るよりも先に呆《あき》れ果ててしまったものです。

そんな世界では、皇后さまの聡明さや積極性が、裏目に出てしまうこともありました。『入江相政日記』の中にも、あることをめぐって皇后さまからお話をうかがったあとの入江氏の感想が書きつけてあります。

《よくお話し下さる。お気持もよく分つた。少しの錯乱もなく驚くばかりだが、その緻密《ちみつ》なところが禍をなしてゐると思はれる》

たとえば、昭和天皇や皇太后さまとご一緒にご進講を受けられたとき、皇后さまは前もって下調べをなさっていたことから、最後に講師の先生に質問をなさいました。大変けっこうなことなのですが、それが「自分をひけらかしている」というふうに解釈されてしまうのが、宮中という世界なのです。

私がこの章に申し上げた雅子さまへの苦言めいた言葉は、決してご婚約、そしてご結婚の喜びに水を差そうとするものではありません。むしろ、今後、より幸せなご結婚生活をお送りになっていただきたいと思うからこその提言です。ご聡明だからこそ、あえて一歩下がっておくという姿勢を、ぜひ身につけていただくこと。私は雅子さまにそれを願ってやみません。

昭和天皇の逆鱗

皇后さまと皇太后さまの確執については、いまさら私がお話しするまでもなく、週刊誌はじめさまざまなところで報じられています。嫁と姑《しゅうとめ》の衝突は、どこの家庭でも大なり小なりあります。ただ、皇后さまと皇太后さまについては、お互いに顔をお合わせになることじたいが少なかったぶん、よけいに意思の疎通を欠いてしまうことが多かったようです。

だからこそ、おそばでお仕えするわれわれの万全の配慮が必要となるのですが……。

昭和天皇は、美智子皇后のことを大変にかわいがっていらっしゃいましたが、一度だけ強い調子で皇后さまをお叱りになられたことがあります。

昭和天皇ご夫妻と今上天皇ご一家は、週に一度のご会食をなさる習わしでした。当日は、今上天皇ご一家は、赤坂の東宮御所から皇居へとお出掛けになるのです。

しかし、このご会食は、皇后さまにとってはかなりおつらいことのようでした。ご結婚の当初から反対されていた皇太后さまが、おもしろくないというお気持ちをあからさまに顔にお出しになり、ぎくしゃくした雰囲気になってしまうのです。

最初はそれでも毎週皇居へ向かわれたものの、しだいに皇后さまは風邪などを理由にご会食を欠席されるようになりました。

そのことが、昭和天皇の逆鱗《げきりん》に触れてしまったのです。

「美智子は来たくないのなら、来るに及ばず」

温厚そのものの昭和天皇が初めてお見せになった強いご不快の念でした。

私はもちろん間接的にそのことを知ったのですが、なによりも最初に思ったのは、自らの不甲斐《ふがい》なさでした。東宮職員であるわれわれが、それとなく皇后さまに「おつらいでしょうが、これが世間というものです。どうぞご会食の日だけはお休みにならないようになさってください」とご意見申し上げるべきだったのです。

当時の私は東宮侍従の中で最も年が若かったので、まさかそれを皇后さまに申し上げるわけにはいきませんが、たとえば東宮侍従長の口からでも一言申し上げていたら、きっと皇后さまはわかってくださったはずです。それをしなかったのは、まさに怠慢と呼ばれてもしかたないことです。いま思い出してみても、

（あのとき、前もってお話ししていたら……）

と慚愧《ざんき》の念に堪えません。

姑と嫁

その後も、皇后さまと皇太后さまとの間は、なんともいえない軋《きし》みが随所に感じられました。

いまでも忘れられない出来事が、昭和五十（一九七五）年九月三十日にありました。

昭和天皇と皇太后がご夫妻でアメリカご訪問の旅にご出発されたときのことです。

羽田《はねだ》空港の特別機のタラップの下には、お見送りのために今上天皇と皇后さま、常

陸宮ご夫妻、秩父宮《ちちぶのみや》妃、高松宮《たかまつのみや》ご夫妻、三笠宮《みかさのみや》ご夫妻がお並びになっていました。昭和天皇と皇太后は、飛行機に乗り込まれる前に、お見送りの方々に丁寧に返礼をされるのです。

テレビカメラは、その模様を全国に映し出していました。私も自宅のテレビでそれを拝見していたのですが……。

私は、信じられないような光景を目にしたのです。

　先を歩かれる昭和天皇は常陸宮さまにお辞儀をされたあと、皇后さまにもお辞儀をされ、最後に今上天皇に深くお辞儀をされました。ところが、少し遅れてつづかれた皇太后さまは常陸宮さまにお辞儀をされたあと皇后さまの前を素通りして、今上天皇にお辞儀をされたのです。つまり、皇后さまは、皇太后さまに無視されてしまわれたのです。それも、皇族の皆さまやお見送りの人々の前、いやテレビカメラを通して日本中の人々が見守っている前で……。

　そのときの皇后さまのお受けになったショックは、とてもわれわれの想像の及ぶところではないでしょう。ほんとうに、ほんとうにおつらかったことと思います。それ以外に申し上げようがありません。

いわゆる〝美智子妃いじめ〟がなくなったのは、昭和五十七（一九八二）年頃だといいます。その年、皇太后さまが那須《なす》の御用邸で腰を痛められたのがきっかけとなって、皇太后さまとの難しいご関係を利用して皇后さまをいじめようとしていた人々が激減したというのです。

考えてみれば、皇太后さまはお生まれになったときから、ご自分のいらっしゃる世界がすべてだというようなご教育を受けられていたはずです。皇后さまが民間のご出身だというだけで、複雑な感情を抱かれたのは当然でしょう。ただ、そこにつけ込んで、あることないことを皇太后さまに吹聴《ふいちょう》していた人たちがいたのではないか。もしもそうであれば、皇后さまだけでなく、皇太后さまもずいぶんおかわいそうに思えてなりません。

これは普通の家庭でも言えることですが、姑と嫁のぶつかり合いは、ほんのちょっとした気持ちの行き違いが原因となっていることが多いのです。その行き違いを正そうとするどころか、よけいにエスカレートさせていった人々がいるということは、お互いにとって悲しいことでしょう。母は息子を愛し、妻は夫を愛す。その愛の深さについては、どちらも同じはずなのですから。

そして、雅子さま、紀子さまへ……

民間から皇室へ嫁いでいらっしゃるということは、皇后さまはもちろんですが、そのご家族の方にとっても戸惑われることや寂しい思いをされることが多かったはずです。

たとえば、皇后さまのご両親が昭和天皇や皇太后にお目にかかったのは、わずか二度のみ。それも、宮内庁の幹部の列席のもと、皇居仮宮殿でのお茶会の席でした。つまり、ご両親はあくまでも公的な関係として招かれたのであって、〝親と親〟としてではありませんでした。

また、皇后さまのお母さま、正田《しょうだ》富美子《ふみこ》さんが昭和六十三（一九八八）年五月二十八日にお亡くなりになったときも、危篤の連絡を受けられた皇后さまは、秋篠宮さまと紀宮さまのみを伴われて病院へ駆けつけられました。公私のけじめをきちんとおつけになる皇后さまのこと、身内の死の床に陛下や殿下をお呼びするのは失礼だとお考えになられたのでしょう。

いや、これらの出来事のように報道されたものだけではなく、日々のご生活の端々で、おそらく皇后さまや正田家の皆さまは寂しい思いをされていたはずです。

だからこそ、皇后さまは、宮さま方のお妃《きさき》には実にこまやかな心遣いをつづけていらっしゃいます。

秋篠宮さまと紀子さまのご婚約発表の前に、紀子さまのご両親の川嶋《かわしま》教授ご夫妻を赤坂御所にお招きになったのも、その現れです。従来でしたら、天皇の勅使が川嶋家を訪問して、紀子さまを秋篠宮さまのお妃にということをお伝えしていたところです。また、秋篠宮さまがイギリス留学の間は、紀子さまをしばしば御所にお招きになって、寂しさをお慰めになられています。さらに、川嶋教授ご夫妻と御所で食事をともにされることも……。

ご自分が寂しかったからこそ、紀子さまには決してそんな思いをさせたくない。皇后さまのお優しさは、もちろん、雅子さまに対しても同様です。

今年一月十九日、正式に皇太子殿下とのご婚約が決定した日、雅子さまは殿下とともに両陛下にご挨拶《あいさつ》をなさいました。その際、皇后さまはルビーの指輪を雅子さまにプレゼントされたのです。新生活に対して希望だけでなく不安もお持ちだったはずの雅子さまにとって、そのプレゼントはなにより嬉《うれ》しいものだったことでしょう。

皇后さまのそのお優しさを、ぜひ、雅子さまにも受け継いでいただきたいと思います。そして、皇后さまが心ならずも味わわれた寂しさの意味を理解して、今後の生活に生かしていただきたいと思います。

具体的にアドバイスを申し上げれば、まずはなにより皇后さまと殿下をおたてになることでしょう。ご公務の際の服を洋装にされるか和装になさるかは、皇后さまがお決めになり、お妃方はそれに合わせなければなりません。これは男性にはなかなかわかりづらい心理ですが、時として、ご自分が着たいと思われた服が着られない場合も出てくるでしょう。しかし、そのときも、皇后さまに合わせていただきたいのです。また、どうしてもご自分で納得のいかないこと、疑問に感じられたことが万が一出てきたとしたら、必ず殿下にご相談なさってください。尋ねられても即答は避け、あくまでも殿下にご相談してから、という姿勢をお持ちになってください。殿下あってのお妃ということは、常にお心の中にお持ちになってください。

……と、ずいぶん出すぎた言葉を申し上げてしまったような気もします。

私は、いま、元東宮侍従の立場ではなく、娘を持つ父親の立場から皇后さまの若き日々を思い起こしていました。

それはたんなる譬《たと》え話ではありません。川嶋教授ご夫妻、小和田次官〔当時〕ご夫妻と同じく、私もまた娘を持つ父親です。

娘は嫁いでいき、自分の手元から離れていく。だからこそ、嫁ぎ先でかわいがられるよう、お舅《しゅうと》さんやお姑《しゅうとめ》さんと仲良く日々を過ごせるよう、祈ってやまないのです。

実は、私の二番目の娘が、偶然にも殿下とほぼ同時期に婚約しました。嫁ぐのは秋の予定です。失礼だとは思いながらも、どうしても雅子さまのお姿にわが娘の姿が重なってくるのです。

雅子さまに申し上げたいくつかの提言、なにとぞ心の隅に留め置いていただければ、と思います。

次の章では、再び、私自身の家族についてお話しします。

第九章　娘の旅立ち

信仰に生きる娘

私には、一男四女、五人の子供がいます。末の美恵子が殿下と同級生なのですから、子供たちの年齢についてもだいたいご見当をつけていただけると思いますが、どうもきょうだい揃ってのんびり屋なのか、まだ全員独身です。

子供たちは皆一緒に暮らしていますが、ただ一人、三番目の娘・双美子だけは、十三年前から顔を見るのは年に一度あるかないかという関係になっています。

実は、双美子は、修道院に入っているのです。東京・調布《ちょうふ》市にあるカルメル会という修道院で、キリスト教に詳しい方ならおわかりでしょうが、カルメル会はカトリックの中でも最も厳しい生活を実践しているところで、生涯を祈りと労働に捧《ささ》げることになります。修道院は高い塀に囲まれ、もちろんシスターたちが外の世界に出ることはありません。われわれが会うときは修道院まで面会に出向かなければならないのです。

一緒にしてしまうのは恐れ多いことですが、双美子が修道会に入りたいと言い出したとき、私はふと皇室のことを思い出しました。一般社会とはまったく違う世界に、再び戻ることはない覚悟で旅立った双美子は、民間から皇室に嫁がれた皇后さま、紀子さま、そして雅子さまのお姿にも通じるものがあるような気がするのです。

わが家は、私をはじめ全員がカトリックの信者です。また、私の弟も、横浜《よこはま》の山手《やまて》教会で司教をしています。母がカトリックの信者だった影響で、弟とともに教会に通っているうちに教えに魅せられ、昭和二十一（一九四六）年のクリスマスに洗礼を受けたのです。

その点では、双美子が信仰に生涯を捧げる決意をしたというのは喜ぶべきこと、光栄なことなのです。

しかし、父親としての本音は、信仰とはまた別のところにありました。信仰は信仰として大切なのですが、赤ん坊の頃からずっと育ててきた娘と二度と一緒に家でおしゃべりをしたり街を歩いたりすることはないのかと思うと、なんともいえない寂しさに包まれるのです。

（平凡でもいいから家庭の主婦になって、孫の顔でも見せてくれないものか……）

もちろん、双美子の決意に水を差すようなことは口には出しませんでした。けれど、踏ん切りがつくまで悶々《もんもん》としていたことも事実です。理屈ではちゃんとわかっているのです。自分の信念を貫くことの素晴らしさや、信仰に生きる尊さについては、否定したり反対したりできるわけがありません。ただ、その理屈を越えたところの、まさに娘を持つ父親の感情としか呼べないようなものが、素直に旅立ちを祝福できない気持ちにさせていたのです。

最終的には、双美子の意志を尊重しました。

（考えてみれば、東宮につとめて以来、子供のことはすべて母親任せの、悪い父親だった。もうちょっと双美子とも一緒に長い時間を過ごして、思い出をたくさんつくっておけばよかった）

修道院に入る双美子を見送るときは、感慨とも後悔ともつかない複雑な思いが胸を満たしました。

あれから、もう十三年になります。

いまでは、修道院に入るという双美子の人生の選択に対する気持ちも、だいぶ変わりました。

（五人の子供のうちで、双美子が一番幸せなのかもしれない）

と、ときどき思うのです。

いまの世の中は、信念を貫いて生きるのがひじょうに難しい時代です。青春の日々の夢はやがて色あせていくものですし、また生活というものに流されて、いつしか夢を失っていく人も少なくないでしょう。しかし、双美子は、神様に生涯お仕えするという信念を貫きとおしている。四六時中、すべての生活をその信念に捧げているのです。考えてみれば、これほど幸せなことはないでしょう。

いま、私は、なにかあるごとに修道院に電話をかけています。テレビの生放送に出演するとき舌禍事件を起こさないよう、病気で入院したとき早く治るよう、お祈りしてもらうのです。修道院には、修道院長をはじめ、双美子を含めて二十人か二十一人のシスターさんがいらっしゃいます。つまり、お願いすれば、二十人前後の人が私のために祈ってくださるのです。それは実に心強いことです。そして、ありがたいことです。

先に、私は、殿下のお姿やお言葉はすべて私へのメッセージとして聞こえる、と申し上げました。その意味でいけば、私が昨日も今日も元気で一日を過ごせたということじたいが、双美子からの「パパのために祈っていますから、安心してください」というメッセージなのかもしれません。

〝家〟の重圧

周知のとおり、殿下と雅子さまのご婚約内定とほぼ同時に、満を持していたマスコミはお祭り騒ぎのような様相を呈しました。テレビの特番、雑誌の増刊号、写真集、書籍……。いずれの場合にも必ずといっていいくらい登場していたのが、雅子さまのご実家、小和田家の家系図です。

若い世代の人にはそれが驚きだったのでしょう、「まだ家系図というものが生きていることにびっくりしました」という声も聞きました。確かに、結婚というものはあくまでも本人同士の意志に基づいておこなわれるものです。家系図など何の関係もないと言えば言えるでしょう。

しかし、現実には、まだまだ日本では〝家〟の考えが根強く残っています。結婚式場やホテルでの、結婚式の案内板を見てみても、それはよくわかります。どこの結婚式場やホテルでも新郎新婦の個人名ではなく、《――家》という書き方をしているはずです。結婚は、家と家との縁結び。これが日本での結婚観なのです。

特に皇室のご縁談の場合には、それが思わぬ大きな意味を持ってくることがあります。昭和天皇と皇太后さまのご結婚の際、皇太后さまのご実家である久邇宮家に色覚異常の遺伝因子があることがわかり、自分の出身地の山口県（長州《ちょうしゅう》）からお妃《きさき》を出したい山県有朋《やまがたありとも》元帥が久邇宮家に婚約を返上するよう迫ったのです。この問題は〝宮中某重大事件〟として皇室史に残る大事件となり、結局解決するまでには一年かかりました。また、雅子さまの母方の祖父が水俣病の原因とされているチッソの元会長だということで、このたびのご婚約・ご結婚に難色を示す人がいたというのも、家系が生んだ問題のひとつに数えられるでしょう。

わが家の場合も、〝家〟というものが正直なところ重荷ではありました。私の母方の祖父・浜尾新は、東大総長から文部大臣となり、東宮大夫と御学問所副総裁をつとめました。また、父方の祖父・加藤弘之《かとうひろゆき》も東大総長をつとめていました。さらに母は戦争中は朝香宮《あさかのみや》妃の千賀子《ちかこ》さまのお付きでした。こういう表現は好きではありませんが、浜尾家は、いわゆる〝いい家柄〟なのでした。

若い頃は、私もそれにずいぶん反発しました。私はもともと目立つのが苦手で、研究室でコツコツ勉強をしていきたいタイプです。ところが、周囲はそうは見てくれない。父は私が十歳のときに亡くなっていましたが、周囲はいつも「浜尾新の孫」「加藤弘之の孫」という目で私を見るのです。プレッシャーも当然ありますし、若い頃というのは他人が自分をどう見ているかに敏感な時期ですから、それが嫌で嫌でたまりませんでした。

（とにかく地味に、目立たないよう、研究をつづけるんだ……）

そう心に誓っていたのです。それでいて結局は東宮職という祖父と同じ道を歩んだのですから、やはり運命には逆らえないのかもしれません。

祖父、母、そして私。三代つづけて皇室にご縁をいただくことになった浜尾家です。子供たちも、やはり〝家〟の重みを感じないわけにはいきません。幼い頃もそうですし、成人してからも、特に縁談などのときにそれが顕著に出てきます。息子や娘にせっかくいいお話を持ちかけてくださる人がいても、先方のほうが「元侍従の娘さんでは……」「浜尾家のご長男では……」と敬遠してしまうのです。おそらく、格式やそういったものがさぞや厳しいのだとお思いになるのでしょう。〝いい家柄〟とでは生活の釣り合いがとれないとお考えになるのかもしれません。「決してそんなことはございません。皆さんと同じですよ」といくら申し上げても、やはり駄目なのです。

殿下もいいけれど、私たちのことも……

図々《ずうずう》しいこじつけになってしまうかもしれませんが、子供たちを見ていると、どうしても殿下のお姿がだぶってまいります。

〝家〟という面では、皇室は、言うなれば日本で最高の〝いい家柄〟です。殿下はそのご長男ということで、常に周囲から見られる立場にいらっしゃいました。

幼稚園時代、殿下と二人で東京・八王子《はちおうじ》の陣馬《じんば》山《さん》に登ったことがあります。殿下は山頂から富士《ふじ》山《さん》を眺めるのを楽しみに、一歩一歩山道を登られたのです。ところが、山頂に着いてみると、そこには先回りして待ちかまえていた報道陣のカメラの放列。殿下は思わずたじろがれ、私に「オーちゃん、富士山はどこなの？」とお尋ねになりました。そのときの殿下の心細そうなお顔を、私はいまも忘れることができません。

そして、長ずればご結婚問題で再び〝家〟が取り沙汰《ざた》されるようになりました。皇太子妃選びがあれほど難航したのも、極論すれば天皇家が〝いい家柄〟すぎるということにほかならないでしょう。

だからこそ、私は、殿下が雅子さまとの恋を貫かれたということが嬉《うれ》しくてたまらないのです。また、雅子さまが〝家〟の重さは十二分に認識しながらも殿下との愛に生きるべく決意されたということに深い感動を覚えるのです。

お二人は、まず個人として愛し合われた。たまたま殿下が皇太子というお立場であられた。〝家〟よりもまず先にご本人同士の深い愛と信頼があったのです。

今上天皇と皇后さまのご結婚、秋篠宮さまと紀子さまのご結婚、そして皇太子殿下と雅子さまのご結婚……。

いずれも、かつてのように〝家〟同士の結びつきが最初にあったわけではありません。もちろん具体的に結婚となれば〝家〟がどうしても顔を出してしまうのは宿命のようなものでしょうが、しかし〝家〟の重みをはねのけられるだけの愛があったのです。三組のご夫妻の深い愛は、皇室に新時代の風を吹き込まれると同時に、われわれ一般の人間にも、愛し合うことの素晴らしさを教えてくださったのです。

私が皇太子殿下のご結婚に一喜一憂しているとき、私の娘たちはよく言いました。

「皇太子さまのご結婚もいいけれど、私たちのことも考えて」

冗談めいた口調でしたが、半ば本音ではあったでしょう。

考えてみれば、子供たちは結婚問題にかぎらず、常に「皇太子さまもいいけれど、私たちのことも考えて」という思いを胸に抱いていただろうと思います。特に、末っ子の美恵子は殿下と同級生だっただけに、寂しい思いをさせてしまったことも多かったでしょう。

前の章でもお話ししたことですが、私はしばしば学習院の幼稚園や初等科に出掛けました。しかし、それはすべて仕事であって、美恵子の姿を見かけても声をかけることさえほとんどできませんでした。

昭和四十一（一九六六）年四月八日、学習院初等科の入学式の日、今上天皇皇后両陛下は、お揃いで式に参列なさいました。皇室の歴史からすればきわめて異例のことでしたが、殿下はさぞやお喜びだっただろうと思います。

椅子にちょこんと座ったかわいらしい新入生の列の中に、美恵子の姿もありました。父親にとって娘は、特に末の娘は誰にも増してかわいいものです。私も美恵子の晴れ姿をじっと目に灼《や》きつけたかったのですが、そういうわけにはいきません。殿下のご入学ということで殺到する報道陣を整理し、段取りをたて、事故のないように混乱のないようにと、目の回るような忙しさでした。

美恵子には母親が付き添っていましたが、美恵子の本音から言えば、私にも付き添ってほしかっただろうと思います。会社につとめていてどうしても抜けられないというのならともかく、同じ場所の、手を伸ばせば届きそうなところにいるのですから、寂しさもひとしおだったでしょう。

私のほうは、当日はそんなことを意識する暇もないくらいの忙しさでした。しかし、あとになって振り返ってみると、

（ほんの少し手の空いたときでもいいから、もっと美恵子の姿を見ておいてやればよかったなあ……）

と思えてきます。

仕事と家庭の両立というのは、実に大きく難しいテーマです。もしも体が二つあれば問題はないのでしょうが、それは言っても詮《せん》ないことです。

これで万が一、子供たちが父親の目が行き届かないのをいいことによくない方向に進んでしまったら、殿下のご養育掛りとして恥ずかしいどころの騒ぎではありません。幸い、これは妻に感謝をしなければなりませんが、子供たちはそれぞれ素直に成長してくれました。

そして、いま……。

次女の公美子が、結婚することになりました。恋愛結婚です。家柄がどうのこうのをこちらが心配するまでもなかったのです。子供たちは子供たちの新しい感覚で出会い、愛を育んでいくのですから。

嫁ぐ娘を持つ父親として

今年一月十日、日曜日。

六日に皇太子殿下と雅子さまのご婚約内定が明らかになって以来、私はテレビ出演や原稿執筆に追われ、自宅に戻る時間と体力が惜しくて都内のホテルに泊まり込んでいました。

ほんとうなら、日曜日とはいっても寸暇を惜しんで原稿を書き進めなければならないのですが、この日ばかりはそういうわけにはいきません。

公美子のおつきあいしている青年と、初めて会う日です。写真は前に見たことがありますが、実際に顔を合わせるのはこれが初めてで、おそらくただの顔合わせではなく、結婚のことを話すためにやってくるのでしょう。

(殿下のご婚約が内定した四日後には、うちの娘か……)

なんともいえない気分でした。殿下のご婚約内定のニュースを拝見したとき、私が真っ先に思ったのは、

(ああ、これで陛下も皇后さまも一安心なさっただろう)

ということでした。

長い闘病生活の末の昭和天皇の崩御、そして秋篠宮さまのご結婚以来、両陛下のお心の中には常に殿下のご結婚問題があったに違いありません。皇位継承権をお持ちの

男子の中では秋篠宮さまが一番お齢《とし》が若いのですが、その秋篠宮さまにしても二十七歳。皇位は天皇の血統に属する男系の男子のみが継承しますから、お世継ぎのことも、そろそろ真剣に考えなければならない時期に差しかかってもいます。その意味でも両陛下は殿下の一日も早いご結婚をお望みになっていたはずです。ですから、あの一月六日は、両陛下にとっても大きなお荷物を肩から降ろされた一日だったでしょう。

（ほんとうに、よかった……）

テレビを拝見しながら何度も心の中でつぶやいた私も、わが子の結婚というものをひとごとのように考えてはいられません。

一緒に会ってほしいと公美子に言われたとき、本音では結婚には賛成しかねていました。はっきりと、「反対」を口に出したこともあります。育った家庭も違うし、年齢も実は公美子のほうが一歳年上。プラスの材料といえば、先方の青年もカトリックの信者だということだけ。これはうまくいかないだろうと思ったのです。

もちろん、これは娘を持つ父親ならではの、きわめて身勝手な考え方です。育った家庭が違うのはあたりまえのことですし、一歳くらいの年齢差は現実的にはないも等しいでしょう。それはわかってはいても、なぜか素直に「賛成」を口にできない……。双美子の修道院入りのときと似たような、いささか自分でも自分を持て余してしまうような感情が胸を満たしていました。

一月十日、待ち合わせの場所は私が泊まっていたホテルにしてもらいました。ほんとうなら自宅で迎えるべきなのでしょうが、仕事も忙しいし、ホテルになら美味《おい》しいレストランもあります。食事をしながらのんびり話をしようと思ったのです。お茶だけを啜《すす》りながらですと、いったいなにをどういうふうに話せばいいのかわかりません。

約束の時間が来るまで、私は部屋の中でいろいろと考えました。幼い頃からの公美子の姿が脳裏に蘇《よみがえ》ってきます。双美子のときと同じように、

（もっとたくさん思い出をつくっておけばよかったなあ……）

と心の中でつぶやきを漏らしながら。

そのときに、ふと思ったのが、皇后さまはじめお妃方のご両親のことです。正田さんご夫妻も、川嶋さんご夫妻も、そして小和田さんご夫妻も、手塩にかけて育ててきたお嬢さまを皇室に嫁がせるということで、ひじょうに悩まれたことでしょう。その悩みたるや、とても一般の結婚の比ではないはずです。とりわけ、父親は……。

それでも、お三方とも、最後には娘さんの愛を尊重なさいました。不安や寂しさを包み隠して、祝福に変えていかれたのです。

私も、お三方に倣うことに決めました。

（こっちがあれこれ心配したり横槍《よこやり》を入れたりしても、意味がない。肝心なのは本人同士の愛の深さで、それさえだいじょうぶだったら、きっと二人は幸せになれるはずだ）約束のレストランに現れた青年は、私の予想していたよりずっと好感の持てる青年でした。いままで反対していたことが恥ずかしくなったほどです。楽しさと、けれどほんの少しだけの寂しさが入り交じるひとときを過ごしたあと、私は公美子を嫁がせることを決めたのです。

正式な婚約を三月に終え、いま若い二人は十月に結婚するため、新居のマンションを探しているところです。

公美子がわが家にいるのも、あと半年たらずということになります。さて、思い出をいくつ増やせるでしょうか……。

息子の父親として

一方、息子の昇のほうにも恋人はいるようです。

ただ、こちらはなかなか難しいところもあるようで、「まだ時間がかかりそうだなあ」と昇も苦笑まじりに言っていました。先方の娘さんには、私はまだお目にかかったことはないのですが、どうもご両親のほうが難色を示されているようなのです。父親が元侍従というような堅苦しい家に嫁いだら苦労するのではないか。先方のお父さまの反対の理由は、やはり〝家〟につきるようです。

私は、今度は公美子の場合とは逆に娘さんをわが家に迎える、息子の父親としての立場です。

(家柄なんて関係ありませんよ。わが家はなにも特別なことはやっていません。どうぞお気を楽にして娘さんを嫁がせてやっていただきたいのです)

まだお顔を拝見していない先方のお父さまに、そんなふうに心の中でつぶやきかけるたびに、

(父親というのは身勝手なものだ)

と思うのです。娘の父親という立場と、息子の父親という立場とでは、考えることが一八〇度違ってしまう。これが、父親ならではの弱さというものなのでしょうか。

考えてみれば、両陛下も、皇太子殿下と秋篠宮さまのお二人の親王さまのご両親であると同時に、紀宮さまという内親王さまをお持ちのご両親でもあります。いままでは紀子さま、雅子さまをお迎えする側。言ってみれば、お子さまのご結婚によって家族がお増えになっていくというお立場にいらっしゃいました。ですが、いずれそう遠

くないうちに、今度は紀宮さまを嫁がせるというお寂しい側にお立ちになられるでしょう。

そんなとき、もしも機会があれば、東宮職にお仕えしていた頃のように人生の先輩風を吹かせて、こんなふうに申し上げましょうか。

「陛下、娘を嫁がせる父親というのは、なかなか複雑な気分でございますよ。ですが、まずは第一に紀宮さまの愛を貫かせておあげになるというのをお考えになられることだと思います」

もちろん、ご聡明《そうめい》な陛下のこと、正田さんご夫妻、川嶋さんご夫妻、小和田さんご夫妻のおとりになられた清々《すがすが》しい態度をきっと参考になさって、気持ちよく紀宮さまを送り出されることでしょうが……。

第十章　新世代の皇室

〝皇室外交〟は、ほんとうに必要なのか

さて、とりとめなく思い出すままに、そして私自身の家族の話まで交えながらここまで進めてきました本書も、いよいよ終わりに近づいてきました。

最後に、皇太子殿下と雅子さまをはじめとする新世代の皇室に対して、私なりに思うところを申し上げておくことにします。

雅子さまが皇太子妃に決まったとき、海外体験の豊富さや現役の外交官というキャリアから〝皇室外交〟という言葉がマスコミをにぎわせました。

しかし、それはほんとうに皇室にとって必要なことなのでしょうか。私には疑問でなりません。

外交には、ちゃんと外務省という機関があります。実務レベルでの外交は、すべて外務大臣や外交官がおこなっています。また、皇室には政治に関与しないという大原

則があります。つまり、殿下や雅子さまの外交は、あくまでも晩餐《ばんさん》会など儀礼的な部分にすぎません。それだけで十分なのです。

マスコミは「〝皇室外交〟なら雅子さまの外交官としての経験が活《い》かされる」と報じますが、それはむしろ逆だというのが、実際に宮中にお仕えしていた私の考えです。

外交官のおこなう〝外交〟と皇室の〝外交〟とはまったく別物です。逆に、雅子さまが万一外交官時代の感覚で行動なさろうとすれば、さまざまな軋轢《あつれき》や不都合が生じてしまいかねません。皇室や王室には、それぞれ長い伝統があります。若い合理主義の人の目には形式主義や時代遅れの考え方だと映ってしまうことも少なくないでしょうが、良きにつけ悪しきにつけ、それが皇室です。

もちろん、新世代の皇室には国際感覚は必要でしょうが、殿下も雅子さまもそれについてはちゃんとお持ちになっていらっしゃいます。それならば、マスコミがあえて〝皇室外交〟を錦《にしき》の御旗《みはた》のようにふりかざすことはないのではないでしょうか。

それ以上にマスコミが殿下と雅子さまについてアピールすべきものは、たくさんあるはずです。アピールだけでなく、お二人への期待もあるはずです。

私は、新世代の皇室に最も強く求められるものは〝福祉〟だと思っています。晩餐会のメニューがどうだった、ファッションがどうだったというような華やかな〝皇室外交〟よりももっと大切なものが、ごく身近にあるのです。

便箋八枚のメッセージ

今上天皇も、皇太子殿下も、折りにふれてこうおっしゃいます。

「国民と苦楽をともにする皇室でありたい」

それはほんとうに素晴らしいお言葉であり、お考えです。国民とともに苦しみ、国民とともに泣き、国民とともに喜ぶ皇室というのは、まさに理想の姿でしょう。

しかし、はたしてそのお言葉は行動として現れているでしょうか。私が拝見しているかぎりでは、残念ながら答えは否です。

たとえば、昭和六十（一九八五）年八月十二日、群馬県御巣《おす》鷹山《たかやま》に日航機が墜落した大事故がありました。ちょうどそのとき、陛下と皇后さまは軽井沢でご静養中でした。御巣鷹山は群馬県といっても長野県に近い位置にありますから、軽井沢とは目と鼻の先です。ヘリコプターなら十五分から二十分もあれば着くでしょう。ましてや、ご公務でご滞在ならともかく、ご静養ですから、現地を訪れるくらいの時間はおとりになれたはずです。

夏の盛りですから、背広などは必要ありません。ノーネクタイで、ワイシャツの袖《そで》をめくったお姿でいいのです。足元が悪ければ長靴だってかまわないではありませんか。まずは現地に駆けつけていただくことが肝要だと思うのです。

両陛下には、泣き崩れる遺族の方々、徹夜で救出作業や捜索にあたっている人々に、ぜひお声をかけていただきたかったのです。ご遺族の肩に手を当てて「がんばってください」、地元の警察や消防団の人に「ご苦労さまです」……その一言が、なによりの慰めとなり励みになっていくはずです。墜落直後では現場も混乱しているでしょうから、少し時間をおかれてからでもかまわないのです。すぐ近くでご静養されていながら大惨事の現場に向かわれなかったというのは、いまでも残念でなりません。

また、皇太子殿下は登山がお好きです。それならば、夏に軽井沢においでになったとき、御巣鷹山にお登りになられてはいかがでしょうか。花束をお供えになってはいかがでしょうか。私は、どんな高い山や名山を踏破されるよりも、そのほうが意義深いことだと思います。

ヨーロッパの王室は、災害の現場に駆けつけることにかんしては決して労は惜しみません。イギリスで北海油田の爆発事故があったときには、チャールズ皇太子もダイアナ妃も避暑の予定を急遽《きゅうきょ》キャンセルして現地に急行されています。また、ベルギーでフェリーの転覆事故があり、何百人という人が亡くなったときには、ボードワン国王とファビオラ王妃が真夜中に駆けつけられました。ヨーロッパの王室ではあたりまえのことが、なぜ日本ではできないのでしょうか……。

もちろん、警備上の問題から宮内庁や警察は難色を示すでしょう。しかし、「警備が」「警備が」というのなら、音楽会にだって大相撲にだっていらっしゃれないはずです。「前例がない」というのが宮内庁の決まり文句ですが、どんな例も、まず最初にやった人がいるのです。前例をつくってしまえばいいのです。

また、これは憶測で申し上げるべきではないのですが、陛下や殿下の側にも、そういうことへの熱意がいまひとつ不足されているのではないでしょうか。なぜなら、仮に宮内庁が猛反対しても陛下や殿下が、

「いや、それでも現地へ向かう」

とおっしゃれば、宮内庁はそれに従わざるをえないのです。

宮内庁が「警備の問題がありますから」と申し上げただけで、いったん浮かせかけた腰を再びおろされてしまうのでは、あまりにも寂しいことです。

元号が昭和から平成に変わって日の浅い頃、私は陛下に一通のお手紙をしたためました。便箋《びんせん》八枚という長さになってしまいましたが、どうしても新天皇となられた陛

下に申し上げたいことがあったのです。したためた手紙の内容と同じものが『週刊朝日』にも掲載されたのでご記憶の方もいらっしゃるかと思うのですが、一言で要約すれば、

「災害現場にもぜひ積極的にお出掛けください」

というメッセージでした。いや、私が申し上げたかったのは、災害現場のみにとどまらず、もっと国民の〝苦〟を感じ取っていただき、それを分かち合っていただきたいということなのです。

『週刊朝日』の記事で、私はこんなふうに申し上げました。

「国民が苦しむ一大事には、言葉は悪いかもしれませんが、妻子をも顧みず、毅《き》然《ぜん》たるお姿で国民を励ましていただきたいのです」

私はこれまでお話しした中で、両陛下が家庭というものをいかに大切に思っていらっしゃったかについて、くどいくらいにエピソードを並べたててきました。しかし、皇太子時代ならいざ知らず、天皇となられたのであれば、いわゆる〝マイホーム・パパ〟ではいられない場面も多々出てくるでしょう。そのご自覚を、ぜひ陛下に持っていただきたくて、ご公務でお忙しいのは承知のうえで便箋八枚もの長いお手紙を書き綴《つづ》ったのでした。

侍従さんを通じて陛下にお手紙を差し上げた翌日、その侍従さんから電話を受けました。

「陛下は、浜尾さんにお礼を申し上げてくれとおっしゃっていました」

陛下は、受け取り方しだいでは無礼千万の行為ともなりかねない文章にこめた私の真意を、ちゃんとわかってくださったのです。

そして、翌年、皇太子殿下のお誕生日をお祝いするお茶会にお招きいただいた私に、陛下はあらためておっしゃいました。

「浜尾さん、この前の手紙、どうもありがとう」

陛下は、一年も前にお渡ししたお手紙のことを憶《おぼ》えていらっしゃったのです。

また、これは平成三（一九九一）年のことになりますが、雲仙《うんぜん》・普賢岳《ふげんだけ》が大火砕流で多くの被災者を出したとき、両陛下はさっそく被災者のお見舞いに出掛けられました。「地元の負担を大きくしないように」という両陛下のお考えからごく簡素なご訪問となりましたが、逆に、だからこそ被災者の皆さんは両陛下のお心遣いに感激の念を抱いたことでしょう。七月のことでしたので、陛下は背広を脱ぎ、ノーネクタイで、ワイシャツの袖をめくり上げて、被災者に膝《ひざ》つき合わせるようにして、励ましのお言葉をかけていらっしゃいました。また、皇后さまは夫を亡くした母親の手をとって

「子供さんを健やかに育ててください」とお言葉をおかけになりました。

この光景こそが、私の理想とする皇室と国民の関係なのです。おそらく両陛下もそのことについては、私がお手紙を差し上げるまでもなくお考えになっていらっしゃったはずです。ただ、警備の問題などもあって、なかなか強いご意志を持って「それでも行く」とはおっしゃれなかったに違いありません。また、ある意味では「前例のないことはなすべからず」という宮内庁の不文律にいつのまにか慣れてしまわれていたのかもしれません。もしも私のお手紙が、両陛下が宮内庁の危惧《きぐ》を押し切って腰をお上げになるきっかけの一助になっていたのなら、これほど光栄で嬉《うれ》しいことはありません。

目立たない人へのまなざしを……

「皇室は華やかな世界だ」とよく言われます。このたびの雅子さまをめぐる報道でも、なにかといえば「華麗」「典雅」「優美」などといった言葉が遣われています。

しかし、私は、〝華やかな皇室〟というのは憧《あこが》れの的とはなりますが、国民の感情からは乖離《かいり》していくだけではないかという恐れを持っています。

大相撲観戦やプロ野球観戦もよろしいでしょう。美しいファッションや内外の美味珍味を集めた各国のＶＩＰとのご会食もけっこうです。ですが、それだけでは、国民は羨《うらや》ましさは感じても親しみは感じないのではないでしょうか。「国民と苦楽をともにする」のうち〝楽〟の部分ばかりが強調されてしまっては、やはりよくないでしょう。

もちろん、皇室というものは宿命的に華やかな側面を持っています。皇太子殿下や雅子さま、秋篠宮さまや紀子さまのようなお若い皇族ならなおさらです。であればこそ、あえて華やかな世界以外のものを見つめることが、新世代の皇室には求められるのではないでしょうか。つまり、弱い人へのまなざしです。

具体的な例を挙げれば、何年か前、少し寂しいことがありました。皇太子殿下は高校野球の甲子園大会開会式に臨まれたのですが、あいにく当日は雨で順延になってしまいました。スケジュールが、一日ぽっかりと空いたわけです。始球式をつとめるために大阪入りしていた当時の中島《なかじま》文部大臣は、その空きを利用して高知へ向かいました。ちょうど少し前に、高知学芸高校の生徒さんたちが修学旅行先の上海《シャンハイ》で列車事故に遭って、多数亡くなっていました。大臣は、ご遺族や学校関係者の方々に一言慰めと励ましの言葉を寄せるべく、高知に向かったのです。

私は、そのとき、ぜひ殿下にも高知に向かっていただきたかったのです。野球をやる高校生にとって甲子園は晴れの舞台です。しかし、高知では同じ高校生が何十人も亡くなっているのです。おまけに当日は雨で高校野球は順延でした。大阪から高知までは飛行機でひとっ飛びです。日帰りでいいのです。なぜ、高知へ向かわれなかったのか。大臣にできて、なぜ殿下におできにならなかったのか。それが残念でなりません。

これは、同時に、殿下のおそばに仕えている人たちの責任もあると思います。誰かが殿下に申し上げるべきだったのです。

「殿下、高知へおいでになってはいかがでしょう」

そうすれば、殿下はきっとすぐにおわかりになったはずです。

また、最近の例を挙げますと、殿下はバルセロナ・オリンピックでメダルに輝いた十八人の選手を御所にお招きになっていらっしゃいます。

優秀な成績を収めた人を祝福するのは決して悪いことではありません。しかし、惜しくもメダルに届かなかった選手も、一所懸命にがんばったことにかんしては同じです。

メダリストは、殿下のお招き以外にも、政府をはじめさまざまな場所での祝福が用意されています。功なり名を遂げた人は、放っておいても称賛やねぎらいを受けるものなのです。殿下には、むしろ残念ながらメダルをとれなかった選手のほうにねぎらいと励ましのお言葉をかけていただきたかったのです。いや、現実には何百人もの選手をお招きするのは難しいかもしれませんが、少なくとも、そういうまなざしは常に持っていていただきたいと思います。そんな積み重ねが、国民と皇室をより理想的な形に結びつけてくれるはずですから……。

目立たない人、と一概に言ってしまうのは語弊がありますが、世間的に脚光は浴びることが少なくても一所懸命がんばっている人はたくさんいます。たとえば看護婦さんがそうでしょう。現在、日本では看護婦さんの絶対数が足りずに困っています。それならば、皇后さま、雅子さま、紀子さまが看護学校の卒業式などにおいでになればよろしいのです。卒業のお祝いと今後の仕事への励ましのお言葉を贈られれば、卒業生や在校生にとって大きな励みとなり、誇りとなることでしょう。また、そうしたニュースが報道されることで、看護婦になろうとする人が増えてくることも考えられます。

つまり、皇室の方々はマスコミとは違う視点で世の中をご覧になるべきなのです。マスコミはどうしても脚光を浴びる人だけを追いかけます。それと歩調を合わせていては、目立たないところでがんばっている人や、あるいは苦しんでいる人たちは救われません。殿下や雅子さまがお出掛けになるときには、必ず報道陣が追いかけます。ということは、目立たない人々のもとへ殿下や雅子さまが向かわれることで、その人たちのがんばっている様子や苦しんでいる様子がマスコミに報道されるのです。

　光の当たっていない陰の部分に目を向けること、暗いところからなにかを見いだすのは、決して簡単なことではありません。しかし、殿下や雅子さまならきっとそれがおできになると思います。新世代の皇室の意義は、そこにあるのではないでしょうか。

　いまの時点ではどうなっているかわかりませんが、六月九日のご結婚の儀のあと、一般では披露宴にあたる祝宴の儀が開かれ、さらに伊勢《いせ》神宮《じんぐう》への参拝をはじめ、殿下と雅子さまは大変にお忙しい日々を過ごされます。しかし、一段落されておしまいではなく、お疲れの体に鞭《むち》打たれてでも老人ホームや養護施設といったところへお出掛けになっていただきたい、と私は願っています。ご自分たちのお喜びを、ぜひそうした人々と分かち合っていただきたいのです。

　いかがでしょうか……。

　それとも、やはり「前例がないので」という残念なお答えになってしまうのでしょうか……。

今日まで、明日から

殿下のご結婚のお祝いを申し上げようとしながら、ついつい苦言の類《たぐ》いが増えてしまいました。

これも、恐れ多いことですが、私にとって殿下がわが子同然の存在となっていることの証《あか》しのひとつなのかもしれません。

「また、殿下のことばかり……」

そんな息子や娘の声が聞こえてきそうな気もしますが、殿下のご結婚が私の人生においても大きな節目となったことは確かです。

子は成長し、やがて親の背丈を抜き、自らも親となります。殿下も雅子さまという生涯の伴侶《はんりょ》を得られ、遠くない将来、父親となられることでしょう。お子さまをお育てになるとき、殿下自らが両陛下からお受けになったご教育が、なによりのお手本となるに違いありません。それに加えて、もしも「あのとき浜尾はこういうことを伝えたかったのだな」「浜尾はこういう理由でこういうしつけをしたのだな」と振り返られるようなことがあれば、それ以上の喜びはありません。

それにしても、生後一歳三カ月の頃からの殿下のお歩みは、まさに私の人生の歩みでもありました。ご養育掛りとして日々を過ごしていた頃はもちろん、御所を離れてからも、殿下のご成長ぶりを拝見するたびに時の流れの速さを実感いたします。

（ああ、私もずいぶん齢《とし》をとったものだ……）

古い写真帳を繰ってみますと、まだスマートだった私がいます。小さな、小さな殿下もいらっしゃいます。テレビの画面に大映しになった殿下のいまのお姿を拝見し、いささか贅肉《ぜいにく》のつきすぎたわが身に目を転じ、髪の毛の乏しくなった頭をそっと撫《な》でてみると、甘酸っぱい感慨が胸を満たしていきます。

私は、殿下のご養育掛りとして精一杯にお仕えしてきました。ですが、人間教育には正解も終わりもありません。

東宮侍従の職を解いていただいたあと、児童心理の専門書を何冊も読んでみましたが、どれもきれいごとばかりが書いてあるとしか思えませんでした。生身の人間の教育は、試行錯誤の連続です。

おそらく、殿下に対する私のしつけや教育にも至らない部分は少なくなかったでしょう。それを補っていただいたのが、殿下の生来お持ちになっているご誠実さであり、両陛下の殿下に寄せられる深い愛情であったのでしょう。

「子は親の鏡」という言葉どおり、ご成長されてからの殿下のお姿を拝見するたびに、私はほっと胸を撫でおろす連続でした。

（ほんとうにご立派になられた。私のやってきたことは、どうやら殿下のおみ足を引っ張ってはいないようだ……）

その意味では、何度も繰り返して恐縮ですが、殿下のご行動やご発言、いやお姿そのものが、すべて私へのメッセージになっているように思えてなりません。

「オーちゃん、安心してよ」

殿下の声が聞こえてくるのです。今日までがそうだったように、きっと明日からも……。

「もしも若返ることができて、『殿下の宮さまのご養育掛りを』というお話があったらどうしますか？」

取材記者の方に質問されるたびに、私は答えるのです。

「つらいけれど、もう一度、お仕えしたいですね」

いまなら、もっといいご教育ができるのではないか。昔は単純にお叱り申し上げていたことも、いまならうまくお伝えできるのではないか。いまなら、家庭との両立もがんばれるのではないか……。

「また殿下のことばかりなの？」

子供たちの声が、また聞こえてきました。

エピローグ　長い道

今年二月二十三日、満三十三歳のお誕生日をお迎えになった皇太子殿下は、一冊の本を上梓《じょうし》なさいました。

題名は『テムズとともに』（学習院教養新書）。副題の「英国の二年間」という言葉が示しているとおり、昭和五十八（一九八三）年六月から昭和六十（一九八五）年十月までのイギリス留学中の出来事を綴《つづ》られた滞在記です。

殿下は、オックスフォード大学大学院で十八世紀におけるテムズ川の交通史についてご研究に打ち込まれたのですが、『テムズとともに』の中に、なぜこのテーマを選ばれたかについての経緯が書かれています。少し長いのですが、引用させていただきます。

《そもそも私は、幼少の頃から交通の媒介となる「道」についてたいへん興味があった。ことに、外に出たくともままならない私の立場では、たとえ赤坂御用地の中を歩くにしても、道を通ることにより、今までまったく知らない世界に旅立つことができたわけである。私にとって、道はいわば未知の世界と自分とを結びつける貴重な役割を担っていたといえよう。初等科の低学年の時だったと思うが、私はたまたま赤坂御用地を散策中に「奥州《おうしゆう》街道」と書かれた標識を見つけた。この標識自体は新しいものであったが、古地図や専門家の意見などにより、実は鎌倉時代の街道が御用地内を通っていたことが分かり、この時は本当に興奮した》

つまり、小学校時代に御所の中をご散歩中に奥州街道の標識をご覧になったことが、殿下と交通史とを結びつけるきっかけになったというわけです。

この時のことは、私もよく憶《おぼ》えています。当時は、殿下は毎日のように御用地の中をご散歩され、私もそれにお供していたのです。標識があった場所はお住まいからはかなり離れていたので、おそらくその日は陽気もよく、少し遠出をされていたのでしょう。標識を最初にお見つけになったのは殿下でした。

「オーちゃん、これ、なあに？」

殿下は標識を指さしてお尋ねになったのです。私も標識に書かれた「奥州街道」の文字を見たときには驚いたほどですから、殿下の瑞々《みずみず》しいお心にはなおさらの感動が刻み込まれたことでしょう。

そして、そんな少年時代の小さな思い出が大学院での研究テーマにつながっていくのですから、まったく人生とはおもしろいものです。

そう言えば、殿下に初めてお目にかかった頃は、まだヨチヨチ歩きでした。そこから三輪車を覚えられ、自転車をマスターされ、初めてのおひとり旅で浜松《はままつ》へ……。

　人間が成長していくということは、つまりはより遠くまでの道を歩んでいくことなのだと、あらためて感じます。

　殿下が学習院初等科にご入学されるとき、今上天皇は、「通学は徒歩にするように」とお決めになりました。しかも、その際の交通規制は一切なし。幼稚園時代にも陛下は同様の取り決めをなさいましたが、そのときはお車でのご通園でした。ところが、今度は徒歩。御所から学校までは徒歩で十五分の道のりとはいえ、坂道もありますし、行き交う車の排気ガスも無視できません。歩いていらっしゃるときだけでなく横断歩道での信号待ちなどのときは、万が一の恐れもないとは言えません。

　しかし、陛下は、あくまでも徒歩通学ということで譲られませんでした。これは陛下ご自身のご体験に深く根差したご決定でした。小学校時代の陛下は交通規制つきの自動車通学でしたので、門の前で車を降りて、道を横断されて学校の敷地内にお入りになっていたそうです。つまり、道を一本渡られるごく短い時間しか、世間の空気にお触れになることがかなわなかったのです。

なにごとにつけても制約の多かった時代ですから、それはしかたのないことだったのかもしれません。だからこそ、陛下は、殿下をはじめ宮さま方には積極的に世間の風に触れてもらいたいとお考えになったのでしょう。

その一方で、陛下は、殿下がまだ幼い頃から暇を見つけてはご自分の運転されるお車に乗せられ、御所の中をドライブされていました。これはたんに殿下をお喜ばせするというだけでなく、将来お車を利用することの増える殿下のために、車に酔ったりされないよう慣らしておこうというお考えからのことでした。

殿下が〝道〟というものに興味をお持ちになった原点は、そうした陛下の愛情あふれるご教育にあるのだと思います。

また、皇后さまは、少年時代の殿下についてこんなふうに語っておられます。

「中等科までは寄り道の多い子でした。仏像などきれいな物を見ると、いつまでも見つめていて、これではクラス全体から遅れてしまうのではないかと心配になったことがありました」

寄り道――。今上天皇の少年時代には、そんなご経験はなかったはずです。

いや、万事が能率主義で時間に追われつづけるいまの世の中、ひょっとしたら寄り道というのは普通の子供さんにとっても贅沢《ぜいたく》な体験となっているのかもしれません。

夢の中でお会いする少年時代の殿下も、寄り道ばかりされています。散歩の途中でふと足をお止めになり、御所の庭に咲いた小さな花を飽かずに見つめられる殿下。

幼稚園時代、一日に何度も園舎の一角にまわられ、小さな鉢に育てたアサガオの様子をご覧になっていた殿下。

浜名湖へのご旅行の際、用意されていたモーターボートが湖上でエンストを起こしてしまい、代わりのボートに乗り込まれたとき、「故障を起こしたおかげでボート二隻に乗れたね！」と嬉《うれ》しそうにお笑いになった殿下。

軽井沢で夏をお過ごしになったとき、せっかく捕まえて虫カゴに入れたテントウムシを、「元気がなくなってかわいそう」と再び外にお放しになった殿下。

寄り道は、心にゆとりがないとできません。

そして、ほんとうに大切なことは、実は決められた道を歩いているときよりも、寄り道をしているときのほうに多く見つかるものなのです。

夢の中での殿下のお姿は、そのことを私に教えてくださっているのかもしれません。

殿下、雅子さま、ご結婚ほんとうにおめでとうございます。

お二人に祝福を申し上げるのにかこつけて、思い出すままにわが家のことなども交えながらお話ししてきました。なかには苦言めいた事柄もございましたが、それもすべてお二人の今後のご生活がより充実したお幸せなものになるように、という気持ちからのものです。言葉が過ぎた部分もあるやと思いますが、なにとぞご理解、ご寛恕《かんじょ》ください。

寄り道を楽しまれた少年時代の伸びやかなお心をお忘れになることなく、これからの道を歩んでいってくださることを、切にお祈りいたします。

そして、なにより、殿下をお育《はぐく》みになった両陛下の山よりも高く海よりも深い愛情を、次代へとおつなぎになっていってください。

殿下にお仕えしていた十年間は、がむしゃらに、常に全力投球で生きてきた日々でした。東宮傅育官を拝命したときから数えると、実に二十年間ということになります。

その体験をなにものにも代えがたい財産として、これからは少し寄り道も楽しみながら歩んでいきたいと思っています。

「オーちゃん、ぼくは元気だよ！」

殿下のそのお声を心の奥で聞きながら、殿下のご養育掛りをつとめさせていただいた光栄に恥じることのないよう生きてまいります。

頃は初夏――。

ご結婚の儀に臨まれる殿下の晴れやかなお姿が、雅子さまの美しいお姿が、くっきりと目に浮かんできます。

私のほうも、娘の公美子の結婚や息子の昇の結婚が、そう遠いことではないでしょう。

殿下と雅子さまの新宮さまご誕生の日を、心よりお待ちしております。

ひょっとしたら、その慶《よろこ》びの日のニュースを、私は孫をあやしながら拝見しているかもしれません……。

あとがき

本来ならばあとがきに記すことまでエピローグの中に組み込んでしまったので、あらためてなにかを草すことは屋上屋を架すことになってしまいかねません。

しかし、それでも私は何度でも申し上げたいと思っています。

殿下、ご結婚ほんとうにおめでとうございました。

そして、あとがきとは著者の個人的なページであるという原則に甘えさせていただき、わが家の家族にも感謝の念を表しておきたいと思います。決して家庭的にはよい父親ではなかったことのお詫《わ》びもこめて……。

本書をまとめるにあたっては角川書店編集部の永井草二さんにお世話になりました。

あらためてお礼を申し上げます。

本書を手にとられた読者の皆さまが、〝家族〟としての皇室の素晴らしい愛をお感じになられ、また〝家族〟が崩壊しつつあると言われる時代、新世代の皇室のあるべき姿についてお考えになっていただければ、著者としてこれに勝る幸せはありません。

平成五年五月

浜　尾　実

解説

（日本テレビ報道局「皇室日記」プロデューサー）
斉《さい》藤《とう》弘《ひろ》江《え》

小春日和の下、十二万人もの人たちが沿道に駆けつけた令和の即位パレード。皇居から赤坂御所までの道のりをゆっくりと走るオープンカーから手を振って大歓声に応える、天皇陛下と皇后雅子さまの威風堂々たる姿があった。それは、新しい時代の幕開けを実感させるのに十分なものだった。

その陛下が幼少の頃、「オーちゃん」と呼び親しんだ人がいる——。

本書の著者、浜尾実さんである。自分がかつて侍従として同じ時を過ごした、あの幼い男の子が「天皇陛下」として、令和の道を歩みはじめた姿を、もしご覧になっていたら、いったいどう感じられるだろうか。

本書は、陛下の幼少期に十年間「ご養育掛り」を務めた育ての親ともいえる浜尾実元東宮侍従が綴《つづ》った、陛下との思い出、養育の記録である。今から二十七年前の平成五年、両陛下のご成婚を機に世に出された。

皇太子殿下から天皇陛下へ。平成から令和へ。時代は変われど、新しい天皇陛下がどのような方なのか……、ましてや、どのような環境でお育ちになったのか。実はあまりよく知られていないのではないだろうか。

本書に目を通していくと、浜尾さんの言葉やエピソードに時々驚かされる。

〈私は〝褒めるときはしっかり褒め、叱るときは厳しく叱る〟という姿勢で殿下のしつけに臨みました〉（56頁）

将来天皇になる身でも叱られることがあったのか……。

本書からは、陛下のお人柄にもつながっていく幼少期を知ることができる。

私は、テレビ局で皇室番組を担当している立場だが、残念ながら浜尾さんに直接お会いする機会はなかった。著者とその時代を知らない、分不相応な者なのだが（本書の解説を書かせていただくことをまずお許しいただきたい）、浜尾さん自身の「お人柄」について、その一端を知る機会に偶然にも恵まれたので僭越《せんえつ》ながら書き残しておきたい。

令和に入り、日本テレビの「皇室日記」ではシリーズ企画「新天皇・皇后の横顔」で「両陛下の生い立ち」について放送した。その中で、三十年以上前の昭和六十二年、弊社の取材に応じてくれた浜尾さんの貴重なインタビューを改めて放送させていただいた。画面を通して感じた浜尾さんの印象は、その時代の東宮侍従、宮内庁職員という堅いイメージを覆す、軽妙で陽気な話しぶりで圧倒された。「愛情」と「ユーモア」に溢《あふ》れ、聞くものの心を惹《ひ》きつける。その一方で、眼差しの奥には鋭さをもち「厳格」な人柄もにじみ出ていた。

幼少期の陛下の思い出を、嬉《うれ》しそうに、楽しそうにまるで自慢の息子のことのように、そして、あたかも昨日の出来事のように話していた。陛下は、このような方に幼少期を見守られてお育ちになったのか……。

番組のインタビュアーは木村優子アナウンサー（当時）だ。木村アナは、奇しくも浜尾さんの教え子だった。昭和四十六年に東宮職から離れた浜尾さんは、聖心女子学院で教鞭《きょうべん》をとっていたという。

木村さんに教師としての浜尾さんについて伺うと、

「いつも穏やかな表情で、授業も誠実に一生懸命教えてくださる先生でした」

物理の先生だった浜尾さん。穏やかな一方で、テストの答案用紙は点数のよい順に生徒に返すという、理数系が苦手な生徒にとっては「厳しい」先生でもあったそうだ。

陛下の幼少期のニュース映像を見ると、通学の時や、お出かけの時、その傍らにはいつもにこやかな浜尾さんの姿がある。

最も印象的だったのは、昭和四十五年の大阪万博でまだあどけない様子の陛下がジェットコースターに乗っているシーンだ。

陛下の後ろで、手をあげてはしゃいでいる大人がいた。いったい誰だろうと思ったら、それが、浜尾さんだった。その様子は子どもと同じ目線で、楽しい時を一緒に楽しんでくれる奔放な大人の姿。陛下にとっては言いようのない安心感に包まれた幼少期だったのではないかと、想像した。浜尾さんは、養育掛りとしての考えの原点は、上皇ご夫妻の子育ての基本姿勢にあると記している。

〈両陛下のお考えになっていらっしゃる子育ての姿勢は、「人間として恥ずかしくない人となるように」でした。「勉強ができるように」「運動会で一等をとるように」……そういうものではなく、あくまでも一人の人間として立派になることを望んでいらっしゃったのです〉（95—96頁）

厳しく接してきたことも赤裸々に書かれていることに驚かされる。

〈「いけません」と何度申し上げても殿下がお聞きにならないときには、体で覚えていただくための強行手段をとらざるをえません。お仕置きです。／お尻《しり》を叩《たた》いたり、廊下にお出ししたり、庭にお立たせしたり、暗くした部屋にお閉じ込めしたり……。

ふつうの家庭でやっているお仕置きと同じです。(中略)「オーちゃん、ごめんなさーい」という殿下のか細い泣き声だけは、いまでも耳の、いや心の奥深くに刻み込まれているのです〉(59―60頁)

殿下にお仕置きとは――。

自分の子どもならいざ知らず、よりにもよって将来天皇になる子へのお仕置きは、よほどの覚悟と愛情がなくてはできなかったであろうと思う。

陛下の生い立ちやお人柄を伝えていくことは、皇室番組を担当している者としては、ひとつの使命だと思っているのだが、その意味で本書は貴重な資料ともいえるだろう。

上皇さま(平成の天皇)は、天皇が〝神〟だとされる時代に幼少期を過ごされてきた。「乳母制度」の下、三歳を過ぎた頃にはご両親である昭和天皇ご夫妻から離れて暮らしていた。将来天皇になる立場とはいえ「家庭」の温もりを知らずに過ごされた寂しさはいかばかりかと思う。

上皇ご夫妻はこれまでの慣例を変え、子育てはできる限り自分たちで行うことを決められた。しかし、公務で不在の多い環境下は避けられない。そうした中で、次代の天皇の〝育ての親〟の役割を、厳しくも人間味溢れる浜尾さんに託されたのではないかと思う。

実際、本書の中で、浜尾さんはこう記している。

〈ご両親である昭和天皇、皇太后さまとはご一緒にお暮らしになることなく、またごきょうだいとも別々の場所で育てられ、幼稚園にもお通いになることはありませんでした。陛下は、時代のためとはいえ、おそらくはお寂しい幼少期を過ごされたはずです。だからこそ、殿下には、可能なかぎり自由な日々を過ごせるようご配慮なさった……。私にはそう思えてなりません〉（124―125頁）

私は、皇室番組を担当する前にドキュメンタリーの取材をしていた。その頃、様々な事情で親と暮らせず「里子」として生きるある男の子と出会った。その男の子の里親が、「生きる指針」として、その子に伝え続けてきた言葉があった。

「人はどう生まれたかではなく、どう生きるかが大切」

その子はそれを深いところで理解し、その後、立派に成長していった。本書を読んでいて私は、なぜかふとそのことを思い出した。

好むと好まざるとにかかわらず、生まれた時に立場が決まっている――。

浜尾さんは、それを知り尽くしたうえで、「どのように生きるかで、どのような天皇になられるか」が決まると考えていたのではないだろうか。

浜尾さんがその一翼を担った重圧と覚悟はどれほどのことだったか、次の一文からも伝わってくる。

〈殿下を特別な人としてのみ見るのはやめる。これは、私なりのご教育の基本であるだけでなく、私がご養育掛りの大任をつづけるうえでの大きな支えでもありました。／なぜなら、そう思っておかないと怖さばかりが先に立って、とても御所へは向かえなくなってしまうからです〉（84頁）

浜尾さんは敬虔《けいけん》なカトリック信者でもあり、ご自身も一男四女の父だった。「殿下」を全てに優先する生活の中、ご自身の子育てへの葛藤《かっとう》、そして懺悔《ざんげ》とも思える胸の内も記されている。

切り離せない公私の人生観から、浜尾実という人間の魅力も読み取れる。自身の子ども将来天皇になる者への養育がシンクロするという苦難ともいうべき試練は、一人の人生の歩みとしても興味深く拝読した。

失敗談も恐れずに赤裸々に書き残している。

きれいごとではすまない、養育掛りとしての人生の一端を記した思いは、プロローグの〈皇太子殿下のご幼少期から現在まで、そして明日からのお姿が、多少なりとも読者の皆さんに伝わっていれば幸いです〉に、込められているように思う。

冒頭で触れたように、本書は両陛下のご結婚を機に書かれたもので、それ以降について触れられてはいない。それはちょうど私がテレビ局で仕事を始めた頃からの歴史へとつながってくる。

ご結婚後、両陛下のこれまでの道のりは決して平坦《へいたん》といえるものではなかった。お世継ぎ問題、雅子さまの適応障害、愛子さまの不登校……あちこちから不安や心配の声が聞こえてきた。

それはあくまで外から見た表面的な事象でしかない。無事に代替わりを終えられた両陛下。お二人のこれまでのご努力は計り知れないものだったのだろう。そう思いを馳《は》せた上で、浜尾さんが記された次の一文を読むとすっと心に染み入る。

〈ただ、殿下は、とにかく粘り強くがんばる性格をお持ちでした。やりかけたことは、たとえ時間がかかっても、途中で投げ出すことなく必ず最後までやり抜こうとされるのです。この努力型のご性格が、のちに雅子さまとの愛を育まれるにあたっても、大いに生かされたのでしょう〉（57頁）

昨年、皇太子さまと雅子さまは天皇陛下と皇后陛下のお立場に、そして愛子さまは高校三年生になられた。

私は、陛下が育まれてきたものを垣間見る機会に恵まれたことがある。陛下が即位されて三か月後の八月、静養のためご一家で那須《なす》を訪れた時のことだ。

残暑厳しく、突き刺さる日差しとアスファルトから熱気が照り返す日のことだった。

東北新幹線の那須塩原《なすしおばら》駅前では数時間前から、新たな天皇皇后としてのご一家の姿を待《ま》ち侘《わ》びる地元の人たちがいた。障害児の療育施設の子どもや先生、愛子さまと同じ年頃で、大学受験を控えた地元の女子高生の姿もあった。

ご結婚した年、また愛子さまが誕生されてからも、毎年のようにご一家は那須を訪れてきた。地元の人たちにとってすっかり親しみのある存在となっている。

にこやかな表情で到着された天皇陛下、皇后雅子さま、そして愛子さま。駅前で待つ人たちと話をされる様子は、私にとって意外なものだった。

どんな人たちとも、旧知の仲のようにリズミカルに話し続ける。そして、声を出してよく笑われる。あまりにも自然でご近所同士のような他愛ない会話の様子に私は驚いてしまった。炎天の下およそ三十分、あまりの暑さに、取材している私の髪は絞れるほどの汗でびしょ濡《ぬ》れ、化粧も崩れてしまうほどなのに……。まだ、お話しになるの？　ご一家と、沿道の人たちの体調は大丈夫だろうか？　と内心思いつつ、私自身が音をあげていたほどだ。一期一会を大切にし、可能な限り、多くの人と話そうとするその姿勢には感服せざるを得なかった。

その場所はカメラでの撮影はあるが、位置が遠いため音声は拾えない。そのためか、どこか肩の力が抜けたような、地元の人にすっかり馴染《なじ》んだとても仲のよい「家族」の姿がそこにはあった。

「何年生なんですか？」

「高校三年、受験生なんです」

「うちの愛子も……」

「部活は何をされてますか？」

ご一家と会話をした愛子さまと同い年の女子高生は、まるで友達の家族と話すように普通に天皇ご一家と会話ができたことに、感激と興奮が収まらない様子だった。

「愛子さまに『お互い（勉強）がんばりましょう』と言われて、がんばらなくちゃ！と思った」と、目をキラキラさせていた。

浜尾さんは本書で何度も繰り返している。「皇族はタレントではない」。しかし、未来を担う平成生まれの子たちの目の「キラキラ」に、私は「令和」の皇室のはじまりと新しい距離感を感じた。それは一人の人間として「家庭」というものを知って育ち、またご自身の家庭も大切にされてきた天皇陛下だからこその「国民の中に入っていく」業なのかも知れない。

本書の中で、東宮を離れてからの著者の思いがこう記されている。

〈テレビの画面に映る殿下のお姿を拝見していると、どこからともなく、／「オーちゃん、ぼくは元気だよ」／という殿下のお声が聞こえてくるような気がします。／そして私は画面の中の殿下に、／「殿下、ご立派に成人あそばしましたね」／と心の中でご返事を差し上げるのです。御所を離れてから二十二年間、ずっとそれを繰り返してきたのでした〉（87－88頁）

浜尾さんは、平成十八年十月二十五日、八十一歳で亡くなられた。

誰よりも「殿下」が「陛下」になられた姿を見たかったであろう――。

令和元年五月一日、第百二十六代天皇に徳仁親王が即位された。「象徴」としての天皇の誕生という意味では二代目、その歴史はまだ浅く、はじまったばかりだ。浜尾さんにとって幼かったあの男の子が天皇陛下として、皇后雅子さまと共に、令和の道を歩みはじめた。「国民と苦楽を共にする」これまでの皇室の歩みを受け継ぎながら、新しい道を築いていかれる姿を、ずっと昔から浜尾さんは思い描いていたのかも知れない。

「陛下、ご立派に即位あそばしましたね」と、令和の行方、お二人の旅立ちを、浜尾さんはどこかで温かく見守り続けているのではないだろうか。

本書には、新世代の皇室について〝苦言〟も記されている。それは、もう会うことのできない〝育ての親〟から結婚が決まった当時の愛息とその花嫁に向けた贈る言葉、そして、切ないラブレターのようでもある。それは令和の時代に生きていく私たちに浜尾さんから届いたタイムカプセルのメッセージでもあることに気付かされる。

「皇室とは何か」それを考える一助になって欲しい――。

そんな著者の思いが本書に凝縮されているように思えてならない。

本書は、一九九三年六月に小社より刊行された
単行本を文庫化したものです。

殿《でん》下《か》とともに

浜《はま》尾《お》 実《みのる》

令和２年 １月25日　初版発行
令和６年 10月30日　７版発行

発行者●山下直久

発行●株式会社KADOKAWA
〒102-8177　東京都千代田区富士見2-13-3
電話　0570-002-301（ナビダイヤル）

角川文庫 22026

印刷所●株式会社KADOKAWA
製本所●株式会社KADOKAWA

表紙画●和田三造

◎本書の無断複製（コピー、スキャン、デジタル化等）並びに無断複製物の譲渡および配信は、著作権法上での例外を除き禁じられています。また、本書を代行業者等の第三者に依頼して複製する行為は、たとえ個人や家庭内での利用であっても一切認められておりません。
◎定価はカバーに表示してあります。

●お問い合わせ
https://www.kadokawa.co.jp/（「お問い合わせ」へお進みください）
※内容によっては、お答えできない場合があります。
※サポートは日本国内のみとさせていただきます。
※Japanese text only

©Noboru Hamao 1993, 2020　Printed in Japan
ISBN 978-4-04-109233-0　C0195

◆◇◇

角川文庫発刊に際して

角川源義

第二次世界大戦の敗北は、軍事力の敗北であった以上に、私たちの若い文化力の敗退であった。私たちの文化が戦争に対して如何に無力であり、単なるあだ花に過ぎなかったかを、私たちは身を以て体験し痛感した。西洋近代文化の摂取にとって、明治以後八十年の歳月は決して短かすぎたとは言えない。にもかかわらず、近代文化の伝統を確立し、自由な批判と柔軟な良識に富む文化層として自らを形成することに私たちは失敗して来た。そしてこれは、各層への文化の普及滲透を任務とする出版人の責任でもあった。

一九四五年以来、私たちは再び振出しに戻り、第一歩から踏み出すことを余儀なくされた。これは大きな不幸ではあるが、反面、これまでの混沌・未熟・歪曲の中にあった我が国の文化に秩序と確たる基礎を齎らすためには絶好の機会でもある。角川書店は、このような祖国の文化的危機にあたり、微力をも顧みず再建の礎石たるべき抱負と決意とをもって出発したが、ここに創立以来の念願を果すべく角川文庫を発刊する。これまで刊行されたあらゆる全集叢書文庫類の長所と短所とを検討し、古今東西の不朽の典籍を、良心的編集のもとに、廉価に、そして書架にふさわしい美本として、多くのひとびとに提供しようとする。しかし私たちは徒らに百科全書的な知識のジレッタントを作ることを目的とせず、あくまで祖国の文化に秩序と再建への道を示し、この文庫を角川書店の栄ある事業として、今後永久に継続発展せしめ、学芸と教養との殿堂として大成せんことを期したい。多くの読書子の愛情ある忠言と支持とによって、この希望と抱負とを完遂せしめられんことを願う。

一九四九年五月三日